인공지능 예술과 해석의 철학

AI문고

인공지능 시대입니다. 기계가 인간의 인지를 대신하고, 사물이 인간을 통하지 않고 다른 사물과 직접 커뮤니케이션합니다. 이에 따른 인간 삶과 문명 변화를 정확히 이해·예측·대응하는 것은 이 시대 우리 모두의 과제입니다. AI문고는 인공지능 기술과 환경의 여러 주제를 10가지 키워드로 정리합니다. 관련 개념과 이론, 학계와 산업계의 쟁점, 우리 일상의 변화를 다룹니다. 인간과 기술의 현재, 미래를 세심히 분석합니다.

일러두기

- 인명, 작품명, 저서명, 개념어 등은 한글과 함께 괄호 안에 해당 국가의 원어를 병기했습니다.
- 외래어 표기는 현행 어문규정의 외래어표기법을 따랐습니다.
- 이 책은 저자의 다음 학술 논문을 활용하여 저술했음을 밝힙니다. 윤주한(2023). "인공지능 예술은 해석 가능한가: 의도주의의 전망". ≪인공지능인문학연구≫, 14, 35-59쪽; (2024). "교양교육의 주제로서의 인공지능 인문학: 생성형 인공지능 활용 강좌 사례를 중심으로". ≪교양교육연구≫, 18(4), 11-12쪽; (2017). "의도주의: 비의도주의 논쟁에 대한 하나의 답변-보완된 가설의도주의". ≪인문논총≫, 74(4), 217-252쪽; (2013). "예술작품의 해석과 예술가의 의도의 관계에 대한 고찰", 서울대학교 미학과 석사 학위 논문.

처음이세요?

전문가세요?

인공지능 예술과 해석의 철학

윤주한

대한민국, 서울, 커뮤니케이션북스, 2025

인공지능 예술과 해석의 철학

지은이 윤주한
펴낸이 박영률

초판 1쇄 펴낸날 2025년 3월 21일

커뮤니케이션북스(주)
출판 등록 2007년 8월 17일 제313-2007-000166호
02880 서울시 성북구 성북로 5-11
전화(02) 7474 001, 팩스(02) 736 5047
commbooks@commbooks.com
www.commbooks.com

ISBN 979-11-7307-760-9 03500

책값은 뒤표지에 표시되어 있습니다.

차례

'인공지능 예술'이 던지는 철학적 문제

근래 인공지능이 인간의 삶에 지대한 영향을 미치는 존재로 떠오르면서, 인공지능에 대한 철학적 고찰의 필요성 역시 부각되고 있다. 주로 심리철학과 윤리학 등의 관점에서 인공지능의 본성, 규범적 문제 등을 분석하고자 하는 시도가 두드러진다(김형주, 2018). 그러나 만일 우리가 인공지능에 대한 보다 심도 있고 총체적인 이해를 추구한다면, 심리철학과 윤리학 외에도 가능한 다양한 철학의 분야를 경유한 탐구가 이루어져야 할 것이다.

특히 인공지능은 미학과 예술철학에서 오랫동안 논의되어 왔던 전통적 문제를 새롭게 조명하게끔 하는 계기가 되고 있다. 가장 먼저, 그리고 가장 주요하게 부각된 문제는 인공지능의 생성물이 예술이 될 수 있는지, 혹은 인공지능이 예술 창작을 하는 것이 가능한지의 문제다. 회화와 같은 시각 예술뿐 아니라 음악, 문학, 영화 등 다양한 예술 분야에서 인공지능이 창작의 주체가 될 수 있다는 진단이 제기되고 있다. 즉, 인간의 고유한 영역으로 여겨 왔던 예술의 창작이 인공지능에 의해서도 가능할 수 있지 않느냐는 것이다.

그러나 이것이 인공지능이 예술철학에서 일으키는 유일한 문제는 아니다. 인공지능은 예술철학의 보다 다양하고 세부적인 주제와 관련될 수 있다. 이러한 주제를 발굴하고 논의함으로써, 인공지능의 본성과 가치에 관해 총체적으로 이해할 수 있게 될 뿐만 아니라, 예술철학의 해묵은 주제들을 새로운 관점으로 들여다볼 수 있다.

그러한 주제의 하나로 내가 제안하고자 하는 것은 '인공지능이 생성한 예술 작품의 해석 문제'다. 예술 작품의 의미 해석이 무엇을 지향해야 하는지, 혹은 예술 작품의 의미가 무엇에 근거하여 결정될 수 있는지는 예술철학의 오랜 논의 주제다. 예술 작품의 의미는 어떻게 결정되는가? 혹은 예술 작품의 해석은 무엇을 목표로 해야 하는가? 만일 우리가 어떤 해석은 다른 해석보다 더 그럴듯하다거나, 작품의 '진정한 의미'에 더 가까운 해석이 있다는 생각을 받아들인다면, 어떤 해석을 다른 해석보다 더 그럴듯하게 만드는 토대가 과연 무엇인가를 물을 수밖에 없게 된다. 물론 '해석적 참'이나 '해석적 그럴듯함'과 같은 개념을 애초에 인정하지 않는 해석적 상대주의나 회의주의의 입장도 있다. 다만, 후술하겠지만, 이 책에서 다루는 의도주의-비의도주의 논쟁은 최소한 여러 해석의 후보가 동등한 인식적 가치(epistemic value)를 갖지는 않을 수 있다는 것을 전제로 이루어진다. 즉, 만일 하나의 작품이 갖는 의미에 대해 A, B, C라는 세 가지 해석이 제안되었다고 할 때, 우리는 셋 중 어느 해석이 그 작품의 해석으로서 가장 그럴듯한지(plausible)를 논해 볼 수 있다는 것이다.

그렇다면 다음으로 물어야 할 것은, 다수의 해석 중 가장 그럴듯한 해석을 결정할 수 있는 근거가 무엇인가라는 문제다. 그러한 해석적 근거의 유력한 후보 중 하나로서 제시되어 온 것이 바로 예술가의 의도(artistic intention)다. 즉, 예술 작품의 의미는 예술가가 실제로 의도한 바에 의해서 결정되며, 따라서 예술 작품의 해석 역시 예술가의 의도를 알아내는 것을 목표로 삼아야 한다는 철학적 입장이 있다. 이를 '의도주의(intentionalism)'라고 부른다. 한편 그에 반대하여 예술 작품의 의미는 예술가가 실제로 의도한 바가 아닌 다른 요소에 의해 결정된다고 주장하는 입장을 비의도주의(non-intentionalism)라고 부른다.

현대 분석 미학에서 이 논쟁은 1962년 윌리엄 윔샛(William Wimsatt)과 먼로 비어즐리(Monroe Beardsley)의 "의도의 오류(The Intentional Fallacy)"라는 논문에서

본격적으로 촉발하여 지금까지 비평철학의 주요한 쟁점으로 논의되어 왔다(Wimsatt & Beardsley, 1946). 아래에서 더 자세히 살펴보겠지만, 초기의 의도주의-비의도주의 논쟁이 다소 거칠고 강한 입장들로 구성되어 있었다면, 이후에는 온건한 의도주의(moderate intentionalism), 가설의도주의(hypothetical intentionalism) 등 초기의 입장들이 가졌던 결함과 오류를 보완하는 보다 정교하고 온건한 입장들이 제안되었다.

다만 가설의도주의와 온건한 의도주의가 제안된 이래로, 의도주의-비의도주의 논쟁은 소강상태에 빠져 있는 듯하다. 이 논쟁을 보다 발전적인 방향으로 진전시키기 위한 새로운 쟁점이 제안되지 않은 것은 아니다. 가령 나는 비의도주의의 일환으로 가설의도주의를 옹호하면서, 일상 언어의 해석적 관습(convention)과 예술의 해석적 관습의 차이가 의도주의-비의도주의 논쟁의 주요 논점 중 하나라고 지적한 바 있다(윤주한, 2013). 한편 신현주(2017), 이원빈(2019) 등은 의도주의자와 비의도주의자가 의도 개념을 서로 다르게 이해하고 사용하고 있다는 점이 논쟁의 원인이라고 지적하고, 결국 의도 개념을 어떻게 이해해야 하는지가 이 논쟁의 궁극적 논점이라고 주장한다.

그러나 그 쟁점들이 '지향적 심리 상태로서의 의도 개념'이나 '예술에 특유한 관습(art-specific convention)'과 같은 또 다른 거대한 철학적 개념과 문제를 소환하게 되는 것이 의도주의-비의도주의 논쟁이 답보 상태에 머무르고 있는 원인의 하나일 수 있다. 물론 거대한 철학적 개념과 문제를 다루는 것은 철학의 중요한 과업이지만, 그러한 과업에 직접적으로 착수하는 것만이 의도주의-비의도주의 논쟁을 진전시킬 수 있는 유일한 방법은 아니다. 다행스럽게도, '인공지능 예술'과 같은 새로운 현상은 막다른 골목에 봉착한 해묵은 철학적 논쟁을 새로운 관점에서 조명할 수 있게 하는 기회를 제공한다.

앞서 언급했듯이, 인공지능이 예술적 창작을 할 수 있는지, 혹은 인공지능의 생성물이 예술 작품일 수 있는지는 철학적으로 매우 중요하고 논쟁적인 문제다. 그러나 이 문제 자체를 다루는 것은 이 책의 범위와 목표를 벗어난다. 후술하겠지만, 이 책은 논의를 위해 우선 인공지능 생성물이 어떤 방식으로든 예술 작품으로서 받아들여지고 있는 관행을 존중하고, '인공지능 예술'이라는 현상이 불러일으키는 철학적 논의에 대한 검토에 보다 중점을 둘 것이다. 적어도 현재의 관행에서는 인공지능의 생성물이 여러 가지 방식으로 예술 지위를 인정받고 있는 것이 현실이다.

일단 이러한 현상을 있는 그대로 받아들인다면, 그다음으로 맞닥뜨리게 되는 주요한 문제 중 하나는 '해석의 문제'다. 즉, 어떤 인공지능 생성물이 일단 예술이라고 전제한다면, 그 '예술 작품'의 해석은 어떻게 이루어질 수 있는가?

표면적으로만 봤을 때, 비의도주의는 인공지능 생성 예술 작품에 대한 해석이 어떻게 이루어질 수 있는지 설명하는 데 큰 어려움을 겪지 않을 것으로 보인다. 왜냐하면 비의도주의는 예술가의 의도가 아닌 예술 작품의 내적 속성, 예술사와 같은 공적 맥락 등이 예술 작품 해석의 적법한(legitimate) 토대가 될 수 있다고 주장하기 때문이다. 즉, 비의도주의는 애초에 예술 작품의 의미를 결정하기 위해 의도에 호소하지 않으므로 인공지능 생성 예술 작품이 의도의 산물인지, 만일 그렇다면 그 의도가 누구의 의도인지 등에 대하여 해명할 필요가 없다. 반면 의도주의의 입장에서 인공지능 예술은 더 큰 이론적 부담으로 다가온다. 의도주의는 예술 작품의 의미가 궁극적으로 예술가의 실제 의도(actual intention)에 의해서 결정되어야 하거나 결정될 수 있다고 주장하기 때문에, 인공지능 예술 작품은 비의도주의보다 의도주의에 더 큰 이론적 도전이 된다. 의도주의가 이 도전을 극복하지 못한다면, 의도주의와 비의도주의 사이의 줄다리기에서 오랫동안 유지되어 온 팽팽한 균형은 결국 비의도주의에 유리한 쪽으로 기울어질 수도 있다. 따라서 의도주의자들은 '인공지능 예술을 의도주의적으로 해석할 수 있는가?'라는 질문에 답변할 수 있어야만 한다. 그리고 이것이 바로 내가 탐색하고자 하는 물음이다. 이를 '인공지능 예술에 대한 의도주의 질문(intentionalist question regarding AI art: IQA)'이라고 부르자.

이 책의 목표는 IQA에 답변하기 위해 의도주의가 채택할 수 있는 전략들의 유효성과 타당성을 검토하는 것이다. 오해를 피하기 위해 한 가지 일러두자면, IQA는 의도주의나 비의도주의 중 어느 한쪽을 옹호하기 위해 제안된 것이 아니다. 의도주의와 비의도주의 중 어느 쪽을 택하든 간에, 인공지능이 예술적 의도를 가질 수 있는지에 관해 논의하는 것이 의미 있는 철학적 과업 중 하나라는 점은 변하지 않는다. 다만 나는 IQA를 탐구하는 것이 비평철학의 오랜 난제인 '의도와 해석의 문제'를 새로운 관점에서 바라볼 수 있는 계기가 될 수 있을 뿐만 아니라, '인공지능은 창의성을 가질 수 있는가?'와 같은 인공지능 철학의 보다 근본적인 질문을 탐색하기 위한 하나의 실마리가 될 수 있다고 본다.

또한 인공지능 예술에서의 해석과 의도의 문제는 인공지능이 생성한 작품의 예술적 지위, 정체성, 또는 가치와 관련된 더 근본적인 쟁점으로 이어질 수 있다. 특히 일반적으로 해석이 가치 평가의 토대로 작용한다는 점을 감안할 때, IQA는 인공지능 예술에 대한 적절한 가치 평가를 논의하는 데 중요한 요소로 다루어져야 한다.

이 책의 구성

이를 위해서 이 책은 다음과 같이 구성했다. 먼저 1장에서는 현대 비평철학에서 '해석'과 관련하여 어떤 논의가 있었는지를 개괄하고, 2장에서 의도와 해석의 관계에 대한 전통적 논쟁을 소개한다. 이어 3장에서는 전통적 입장을 보완하여 제기된 새로운 입장인 온건한 의도주의와 가설의도주의 사이의 논쟁을 소개한다.

4장에서부터는 본격적으로 IQA를 개괄하면서, IQA에 대한 의도주의의 가능한 답변을 소개한다. 5장에서 인공지능 생성 예술 작품이 '의도 없이' 만들어진 산물이라는 '무의도론'을 다룬다. 이어 6장과 7장에서는 유의도론의 일환으로서 '개발자의 의도에 호소하기'와 '사용자(프롬프터)의 의도에 호소하기' 전략을 다룬다. 8장에서는 유의도론의 세 번째 갈래로서 '캐스팅론'의 요지와 의의를 검토할 것이다.

9장에서는 IQA에 대한 의도주의의 마지막 답변으로 인공지능 그 자체의 의도에 호소하는 전략에 대해서 논하면서, 인공지능이 의도적 행위자임을 주장하는 것이 어떻게 가능할지를 검토한다. 심리철학에서 의도라는 심리 상태를 설명하고자 하는 여러 입장 중에서 가장 유력하게 경합하는 입장이 바로 환원주의와 비환원주의다. 각각의 입장을 인공지능에 적용함으로써, 인공지능이 의도적 행위자임을 주장하는 것이 충분한 철학적 지지를 받을 수 있다는 점을 밝힐 것이다. 결론인 10장에서는 지금까지의 논의를 정리하면서, IQA를 왜 중요하게 다루어야 하는지, 그리고 IQA 외에 인공지능이 예술철학에 어떠한 문제를 제기할 수 있는지에 관한 전망을 제시한다.

참고문헌

김형주(2018). 인공지능 철학 국내연구 동향 분석: 인공지능 철학의 생장점에서. ≪인공지능인문학연구≫, 1, 149-170쪽.

신현주(2017). 의도주의와 반의도주의 논쟁의 재구성: 의도 개념을 중심으로. ≪인문논총≫, 74(4), 253-285쪽.

윤주한(2013). 예술작품의 해석과 예술가의 의도의 관계에 대한 고찰.

서울대학교 미학과 석사 학위 논문.
이원빈(2019). 의도의 기능을 통한 의도주의 논쟁의 재구성. 서울대학교 미학과 석사 학위 논문.
Beardsley, M. C.(1981). *Aesthetics: Problems in the philosophy of criticism*. Hackett publishing.
Carroll, N.(2009). *On criticism*. Routledge.
Wimsatt Jr., W. K. & Beardsley, M. C.(1946). The Intentional Fallacy. *The Sewanee Review, 54*(3), pp.468-488.

01
해석에 관한 비평철학의 논의

해석은 기술 및 평가와 함께 작품에 관한 비평적 진술을 구성한다. 해석과 관련해 비평철학에서 가장 주요하게 논의되어 온 문제는 '적절한 해석의 토대가 될 수 있는 것이 무엇인가'다. 특히 창작자의 의도는 해석의 타당한 토대로서 주요하게 고려되어 왔으나, 창작자의 의도에 따른 해석은 작품의 내적, 혹은 맥락적 요소에 따른 해석과 빈번하게 충돌한다.

AI와 1인 창업?

해석이란 무엇인가

해석은 비평적 진술(critical statement)의 일종이다. 예술 작품에 대한 비평적 진술을 어떻게 구분할지는 학자마다 서로 다르지만, 대략 기술(description), 해석(interpretation), 평가(evaluation)로 구분하는 것이 중론이다(Beardsley, 1981).

기술이란 예술 작품 자체에서 발견될 수 있는 속성들을 있는 그대로 서술한 것이다. 예를 들어, 대표적인 팝아트 작품인 앤디 워홀의 〈브릴로 박스〉에 대해, "이 작품은 '브릴로'라는 브랜드의 세제 패드(soap pads)의 도매용 박스와 동일한 시각적 형식을 가진 박스 10개로 구성되어 있다"라는 진술은 기술에 해당한다.

한편 해석은 작품이 의미하는 바를 명확히 밝히는 작업이다. 특히 해석은 우리가 작품을 대면했을 때 쉽게 드러나지 않는, 작품에서 명확하게 전달되지 않는 의미를 밝혀내는 것을 목표로 이루어진다. 즉, 해석적 진술은 대개 그 작품이나 요소의 의미(meaning)에 해당한다. 예를 들어, "〈브릴로 박스〉가 기존의 상업용 도매 박스의 디자인을 그대로 모방하고 있는 것은, 예술과 상품의 차이에 대한 근본적 질문을 던지는 것이다"라는 진술은 해석에 해당하며, 이 진술은 그 작품의 의미의 일부다.

그림 1-1. 앤디 워홀, <브릴로 박스>.

마지막으로 평가란, 규범적 진술(normative statement)로서 예술 작품 그 자체, 혹은 그것의 여러 속성에 대한 가치 판단을 내포하는 진술이다(Beardsley, 1981). 평가에는 어떤 예술 작품이 좋거나 나쁘다는 진술, 아름다움이나 추함, 우아함이나 조야함 등과 같은 미적 속성(aesthetic property)을 부여하는 진술, 그 작품을 추구해야 한다거나 피해야 한다고 권고하는 진술 등이 포함된다. 예를 들어, "워홀의 〈브릴로 박스〉는 우리에게 예술의 겉모습과 예술의 본질 사이의 관계를 철학적으로 고민하는 계기를 던져 준다는 점에서 좋은 예술 작품이다"

라거나, "봉준호 감독의 영화들은 이러저러한 이유로 꼭 보아야 한다"라는 등의 진술은 평가에 해당한다.

평가는 일반적으로 기술이나 해석을 근거로 한다고 여겨진다. 그러나 평가가 반드시 논리적으로 해석을 동반해야 한다고 볼 수는 없다. 왜냐하면 작품의 의미를 근거로 하지 않는 종류의 평가도 있기 때문이다. 예를 들어 작품에 반영된 예술가의 기술(technic)에 대한 평가는 작품의 의미와 무관할 수 있다(Carroll, 2009).

정리하자면, 해석은 기술을 통해 드러나는 작품의 객관적 속성을 바탕으로 작품이 말하고자 하는 바를 밝히는 작업이라고 할 수 있다. 또한 엄밀한 의미의 해석은 평가와는 달리 명시적인 가치 판단을 포함하지 않는다. 다만 해석은 작품을 구성하는 요소들이 작품 전체의 의미나 의의를 구성하는 데 어떻게 기여하는지를 밝힘으로써 평가에 영향을 미칠 수 있다(Carroll, 2009).

해석과 의도의 문제

그런데 해석이 작품이 말하고자 하는 바를 밝힌다는 것은 정확히 무엇을 의미하는가? 과연 우리가 어떤 작품이 진정으로 말하고자 하는 바, 즉 작품의 진정한 의미를 밝혀낼 수 있을까?

혹자는 작품의 해석은 전적으로 감상자에 달린 것이며, 따라서 작품의 의미 역시 감상자마다 다를 수 있다고 주장할 수 있다. 이러한 관점에 따르면 옳은 해석이란 존재할 수 없으며, 모든 해석이 동등한 의의를 가지는 것으로 보아야 할 것이다.

그러나 다음과 같은 경우를 상상해 보자. 예를 들어 박두진의 시 〈해〉는 '해야 솟아라. 해야 솟아라. 말갛게 씻은 얼굴 고운 해야 솟아라'라는 구절로 시작한다. 여기서 '해'가 무엇을 의미하는지에 관해 갑 · 을 · 병 사이에서 논쟁이 벌어졌다. 갑은 "작품의 역사적 맥락을 고려할 때, '해'는 '광복'을 의미한다고 보는 것이 타당해"라고 주장했다. 한편 을은 "'해'는 당연히 낮을 밝히는 태양계의 저 항성을 뜻하지"라고 주장했다. 병은 "'해'는 내가 작년에 정동진에서 보았던 새해 첫 해를 의미해"라고 주장했다. 물론 갑 · 을 · 병의 해석 모두를 맞는 것으로 받아들여도 문제가 없다고 생각할 수 있지만, 적어도 갑 · 을 · 병의 해석 중에서 가장 그럴듯한 해석, 혹은 널리 받아들일 만한 해석이 무엇인지를 묻고 판단하는 것이 그렇게 이상한 일은 아닐 것이다.

그렇다면 갑 · 을 · 병의 해석 중에서 가장 타당한 것을 선택하기 위해서는 명확한 기준이나 근거가 필요할 것이다. 예를 들어 갑의 해석이 가장 설득력 있다고 주장한다면, 이는 갑이 자신의 해석을 뒷받침하기 위해 제시한 '역사적 맥락'을 타당한 해석의 근거로 간주했기 때문이라고 볼 수 있다. 이와 더불어 작품 자체의 내적 요소나 작가의 의도, 즉 작가가 실제로 표현하려 했던 의미 등을 해석의 타당한 토대로서 고려할 수 있다.

문제는 그렇게 도출한 해석의 후보들 사이에서 충돌이 있는 경우다. 특히 '작가의 실제 의도'에 따른 해석은 빈번하게 그 외의 해석과 충돌을 일으킨다. 작품의 역사적 맥락과 작품 자체의 내적 요소를 고려했을 때 '해'는 '조국의 광복'을 의미한다는 것이 학계의 중론이다. 그런데 어디까지나 가정이지만, 만일 저자인 박두진이 실제로 의도한 바는 반대로 '일본 제국의 강성'이었다면 어떨까? '해'를 '조국의 광복'으로 해석하는 것과 '일본 제국의 강성'으로 해석하는 것은 양립하기 어렵다. 이런 경우 우리는 어느 쪽을 '해'의 진정한 해석으로 받아들여야 할까?

참고문헌

Beardsley, M. C.(1981). *Aesthetics: Problems in the philosophy of criticism*. Hackett publishing.

Carroll, N.(2009). *On criticism.* Routledge.

02
의도와 해석의 관계에 관한 전통적 논쟁

의도주의는 작품의 의미가 창작자의 실제 의도에 의해 결정된다고 보며, 해석의 객관성과 타당성을 확보하기 위해 창작자의 실제 의도에 따라 해석이 이루어져야 한다고 주장한다. 반면, 비의도주의는 작품이 공적으로 제시된 순간 작가로부터 독립된 존재가 되며, 해석은 그 작품 자체와 맥락, 해석적 관습 등을 기반으로 해야 한다고 주장한다.

AI와 MBTI?

의도주의 논쟁의 개괄

이렇게 작가가 실제로 의도한 바를 작품 해석의 진정한 근거로 받아들일지, 아니면 작품의 내적 요소, 작품의 역사적 맥락 등과 같은 다른 요소가 작가의 의도를 기각하고 작품 해석의 진정한 토대가 될 수 있을지에 대한 논쟁, 즉 '해석과 의도의 관계에 대한 논쟁'이 현대 비평철학에서 가장 중요하고 첨예한 논쟁이라고 할 수 있다.

거칠게 말해서, 예술 작품의 의미를 예술가의 '실제' 의도에 의해 (전적으로, 혹은 부분적으로) 결정할 수 있다는 입장을 포괄적으로 '의도주의'라고 부른다면, 이에 반대하는 입장을 포괄적으로 '비의도주의'라고 부른다.

의도주의와 비의도주의는 우리의 해석 관행에 존재하는 상반되는 직관을 설명하기 위해 제안되었다. 먼저, 예술 작품은 예술가의 산물이며, 따라서 작품은 예술가가 전달하고자 하는 것을 담고 있는 일종의 의사 전달 수단이라는 직관이 있다. 우리는 지나치게 난해한 소설을 읽으면서 "도대체 작가는 무슨 말을 하고 싶은 거야?"라며 자연스럽게 불평하곤 한다. 도저히 무엇을 재현하고 있는지 짐작조차 할 수 없는 추상 회화를 보는 관객들은 "도대체 작가가 이 그림을 통해서 표현하고자 했던 것은 무엇일까?"라고 자문하기도 한다. 음악을 들으면서 우리는 종종 "작가는 이 곡을 작곡하면서 어떤 감정을 품고 있었을까?"라고 묻기도 한다. 의도주의는 이러한 직관과 현상을 설명하기 위하여 제안된 입장이다. 따라서 어떠한 형태의 의도주의건, 의도주의는 예술 작품에 대한 해석이란 예술가의 의도를 추적하는 작업이라는 원칙을 고수한다.

반면 예술 작품은 공적으로 제시되는 순간 예술가로부터 분리되어 독자적인 역사를 구성할 수 있으며, 예술가의 구상이나 계획을 뛰어넘는, 혹은 그의 구상이나 계획보다 뒤떨어지는 의미나 가치를 가질 수 있다는 직관도 있다. 비의도주의는 이를 옹호하고자 하는 입장으로서, 예술 작품의 해석이란 예술가가 무엇을 의도했는지가 아니라 예술 작품에 무엇이 구현되었는지를 파악하는 것이라고 주장한다. 비의도주의에 따르면 예술 작품의 의미는 예술가의 실제 의도가 아니라 작품 그 자체, 그 작품과 관련된 여러 해석적 관습, 작품을 둘러싼 맥락 등의 요소를 통해 결정된다.

의도주의와 비의도주의의 동기가 되는 직관과 해석적 관행은 어느 한쪽이 우세하다고 말하기 어려울 정도로 우리의 예술 관행 내에 편재한다. 의도주의 논쟁이 큰 진전을 보이지 못한 채 지금까지 이어져 온 것은 아마도 이

때문일 것이다.

전통적 입장들

비평철학의 영역에서 해석과 의도의 관계에 대한 논쟁은 1946년에 윌리엄 윔샛(William Wimsatt)과 먼로 비어즐리(Monroe Beardsley)가 발표한 논문인 "의도주의의 오류(Intentional Fallacy)"를 통해 본격적으로 시작되었다(Wimsatt & Beardsley, 1946). 윔샛과 비어즐리는 이 논문에서 저자의 실제 삶에 대한 정보를 바탕으로 그의 작품을 해석하고자 하는 전기(傳記) 비평을 비판한다. 그들은 문학 작품이 비평가의 것도 작가의 것도 아니라, 공적 영역에 속하는 것이라고 주장한다. 즉, 문학 작품은 탄생하는 순간부터 작가를 떠나, 그가 작품에 대하여 의도하는 힘, 혹은 그것을 통제하는 힘이 미치지 못하는 세계에 속하게 된다는 것이다. 왜냐하면 문학 작품이란 사회적 산물인 언어를 통해 구현될 뿐만 아니라 그것 자체가 사회 안에서 성립되기 때문이다. 문학 작품을 구성하는 문자열 자체는 작가 개인에 의해서 얼마든지 창조될 수 있지만, 그것이 작품으로서 성립되고 의미를 가지는 과정은 사회의 제도 내에서 이루어진다. 따라서 저자의 삶이나 작품을 창조할 당시 그가 가졌던 의도와 같은 사적인 심적 상태를 통해 작품의 의미를 알아낼 수 있다고 상정하는 전기 비평은 문학 작품의 의미와 저자의 삶, 혹은 저자의 의도를 동일시하는 오류를 범하고 있으며, 이것이 바로 '의도주의의 오류'라는 것이 윔샛과 비어즐리의 주장이다. 이러한 비평철학적 입장을 실제 비평에 적용하고자 했던 시도가 바로 20세기 초에 미국의 문예 비평계에서 널리 유행했던 신비평(new criticism) 운동이다.

반면 대륙의 철학적 해석학을 문예 비평의 영역에 적용하고자 했던 미국의 문예 비평가 에릭 허시(Eric D. Hirsch)는 의도주의가 일종의 논리적 오류라는 주장에 대하여 반론을 제기했던 대표적인 의도주의 이론가였다. 그의 해석 이론이 지향하는 가장 주요한 목표는 해석의 객관성과 타당성을 확보하는 것이었다. 허시는 객관적인 해석, 타당한 해석의 유일한 토대가 될 수 있는 것은 작품이 어떠한 의미를 갖도록 의도하는 저자의 의지라고 생각했으며, 따라서 작가의 의도 개념을 포기하는 신비평의 비의도주의적 해석으로는 해석의 객관성과 타당성에 대하여 논할 수 없다고 주장했다(Hirsch, 1967). 따라서 허시는 작가의 실제 의도와 일치하는 의미만이 작품의 타당한 의미라고 주장한다.

강한 의도주의와 강한 비의도주의에 대한 비판

이러한 초기의 의도주의/비의도주의 논쟁은 각각의 입장을 보다 선명하게 드러내고자 한 탓인지 이론적으로 다소 '강한' 입장으로 제시되었다. 그래서 이를 각각 강한 의도주의와 강한 비의도주의로 분류한다.

강한 의도주의에 따르면 예술 작품의 의미는 항상 예술가의 실제 의도에 의해 제한된다. 앞에서 소개한 허시의 입장이 여기에 가깝다. 가령 허시는 예술가의 의도가 작품에 성공적으로 구현되지 못한 경우에도 그 실패한 의도가 그 작품의 의미라고 보아야 한다고 주장한다 (Hirsch, 1967). 그러나 공적 산물인 예술 작품의 최종적 의미가 예술가의 실제 의도에 의해 항상 제한되어야만 한다는 주장은 잘못된 논증에 근거하고 있을 뿐만 아니라 우리의 비평적 관행과도 잘 맞지 않다(윤주한, 2013; 이해완, 2014; Dickie & Wilson, 1995). 허시의 논증의 골자는 다음과 같다. 해석이 객관성과 타당성을 가지기 위해서는 도출된 의미가 애매하거나 모호하지 않고 확정적(determinate)이어야만 한다. 그런데 공적인 언어적, 문학적 관습, 주어진 맥락 등의 수단에 의해서는 확정적 의미를 도출해 낼 수 없다. 그러므로 작품의 진정한 의미를 도출해 내기 위해서는 작가가 실제로 의도한 바에 호소해야만 한다. 그러나 이러한 논증은 추가적인 의문을 불러일으킨다. 왜 의미가 확정적이어야만 해석이 객관성과 타당성을 가질 수 있는가? 우리의 해석 관행을 살펴보면, 적어도 어떤 문학 작품의 의미는 가능성의 영역에서 모호한 상태로 존재할 수 있다. 그리고 이러한 가능한 의미들(possible meanings)은 공적인 증거와 맥락에 의해 그 객관성과 타당성을 보장받을 수 있다. 뿐만 아니라 우리의 실제 해석 관행에서, 작가의 의도가 성공적으로 구현되지 못하거나 심지어 작가의 의도가 전혀 알려지지 않은 경우에도, 어떤 작품이 작가의 의도와 무관하게 '공적'으로 타당한 의미를 가지는 경우가 있다는 것은 부정하기 어렵다.

강한 비의도주의에도 반론을 제기할 수 있다. 강한 비의도주의는 예술 작품의 의미와 예술가를 완전히 분리하고자 하는 입장이다. 그러나 적어도 작품의 정체성(identity)과 작품의 의미가 완전히 무관하다고 보기는 어려울 것이다. 그런데 문제는 한 작품의 정체성은 그 작품이 탄생한 맥락에 의존적인 경우가 대부분이라는 것이다. 즉, 작품이 탄생한 맥락에 의해 구성되는 작품의 정체성을 고려하지 않고서는 그 작품의 진정한 의미를 발견할 수 없다고 전제한다면, 그러한 맥락을 구성하는 데 필수적인 예술가에 대한 고려를 감상과 해석에서 완전히 배제해야 한다는 주장이 설득력을 얻기 어려울 것이다.

참고문헌

윤주한(2013). 예술작품의 해석과 예술가의 의도의 관계에 대한 고찰. 서울대학교 미학과 석사 학위 논문.

이해완(2014). 작품의 의미와 의도주의-반의도주의 논쟁. ≪미학≫, 79. 195-236쪽.

Dickie, G. & Wilson, W. K.(1995). The intentional fallacy: Defending Beardsley. *Journal of Aesthetics and Art Criticism, 53*(3), pp.230-250.

Hirsch, E. D.(1967). *Validity in interpretation.* New haven: Yale university press.

Wimsatt Jr., W. K & Beardsley, M. C.(1946). The Intentional Fallacy. *The Sewanee Review, 54*(3), pp.468-488.

03
의도와 해석의 관계에 대한 새로운 논의

온건한 의도주의는 작가의 의도가 성공적으로 구현된 경우에만 작품의 의미가 결정된다고 보며, 실제 의도가 성공하지 못한 경우 다른 요소들도 의미 결정에 기여할 수 있음을 인정한다. 반면 가설의도주의는 작품의 의미를 적절한 감상자의 입장에서 정당화된 가설로 정의하며, 작가의 실제 의도는 고려 대상에서 제외한다.

AI와 난임 극복?

앞선 장에서 다룬 반론에 대응하기 위해서, 의도주의와 비의도주의는 각각의 입장이 기초하고 있는 상반된 직관과 현상이 우리의 해석 관행에 엄연히 공존하고 있다는 사실을 인정하고, 이 직관과 현상을 함께 반영할 수 있는 설명을 제시하려고 시도한다. 그러한 시도를 통해 제안된 이론이 온건한 의도주의와 가설의도주의다.

온건한 의도주의

의도주의의 직관과 해석적 원칙을 유지하면서 보다 발전된 이론을 제시하고자 하는 입장에서는 예술 작품의 최종적 의미가 '항상' 예술가의 실제 의도에 의해서만 결정될 수 있다는 주장이 맞닥뜨리는 반론에 대응할 필요가 있다. 온건한 의도주의는 '예술가의 실제 의도와 무관하게 예술 작품의 의미가 결정되어야만 하는 경우도 있다'는 점을 받아들임으로써 이 반론에 대응하고자 하는 입장이다.

온건한 의도주의의 지지자들은 작가의 의도가 작품에 성공적으로 구현되지 못한 경우, 작품의 의미가 작가의 의도 외의 다른 요소(작품 그 자체, 작품이 생산된 역사적 맥락, 작품에 적용되는 공적 관습 등)에 의해 결정될 수 있다는 사실을 받아들인다. 즉, 온건한 의도주의에 따르면 작가의 의도가 성공적일 경우에만 작가의 의도에 의해 작품의 의미가 결정된다.

그러나 온건한 의도주의 역시 해석이 '원칙적으로' 작가의 의도를 추적하는 작업임을 전제한다. 왜냐하면 작품의 의미가 근본적으로 작가의 실제 의도로부터 비롯된다는 것은 의도주의의 '해석적 이상'이기 때문이다. 다만 온건한 의도주의는 우리가 실제 해석 관행에서 의도주의의 해석적 이상을 적용할 수 없는 사례들을 인정한다는 점에서 다소 약화된 의도주의라고 할 수 있다.

온건한 의도주의를 뒷받침하는 주요한 논변은 왜 의도주의의 해석적 이상과 실제 해석 관행 사이의 괴리를 감수하면서까지 의도주의를 고수해야 하는지와 관련된다. 대표적인 온건한 의도주의자인 노엘 캐럴(Noël Carroll)은 일상적 대화와 예술 작품 해석의 유비를 통해 우리가 왜 의도주의의 해석적 원칙을 고수해야만 하는지를 논증하고자 한다(Carroll, 1992). 이 논변은 예술 작품의 해석이 일상적 대화와 마찬가지로 '의사 전달적 차원'을 가진다는 점에서 출발한다. 일상적 대화에서 우리가 가장 주요하게 관심을 두는 것은 바로 발화자가 어떤 의도로 그러한 발화를 했는지다. 만일 예술 작품이 예술가의 의사를 전달하기 위한 수단이라면, 예술 작품의 해석에서도 우리가 가장 주요하게 관심을 두어야 하는 것은 예술가가 실제로 무엇을 전달하고자 하는지일 것이다. 따라서 우리는 예술 작품을 해석할 때 예술가의 실제 의도를 파악하는 것을 최우선 목표로 삼아야만 한다는 것이다.

가설의도주의

한편 비의도주의적 직관과 해석적 원칙을 유지하면서 보완된 이론을 제시하기 위해서는 두 가지 문제를 해결해야만 한다. 첫째, 해석에서 예술가를 얼마나, 그리고 어떻게 고려할 것인가? 둘째, 예술가에 대한 고려와 예술가의 실제 의도의 배제는 어떻게 공존할 수 있는가? 가설의도주의는 바로 이 지점에서 출발한다. 즉, 가설의도주의는 해석과 실제 의도를 관련시켰을 때 발생하는 논리적 · 실제적 난점이 있다는 전제하에서 위의 두 문제에 적절한 답변을 제공할 수 있는 해석 모델을 제공하고자 하는 입장이다(Levinson, 1996; 2002; 윤주한, 2017).

가설의도주의의 해석 모델은 다음의 두 논제로 구성된다. 첫째, 예술 작품의 의미는 그 작품을 적절하게 감상할 수 있는 관객의 입장에서 작가의 의도일 법한 의미에 대해 세운 가설들 중 가장 정당화된 가설이다. 가설의 도주의는 예술 작품이 예술가의 의도를 전달하기 위한 수단이라는 직관을 받아들이므로, 우리가 예술 작품을 감상하면서 예술가의 의도가 무엇일지를 파악하고자 한다는 점 역시 받아들인다. 즉, 우리는 예술 작품을 감상하면서 예술가가 어떠한 의도를 가졌을지에 관한 가설을 세워 나가며, 이것이 바로 작품의 의미가 된다. 다만 아무 가설이나 작품의 적절한 의미라고 볼 수는 없을 것이다. 적절한 의미가 될 수 있는 가설은 우선 그 작품을 적절하게 감상할 수 있는 감상자의 입장에서 세워진 것이어야 하고, 또한 작품의 내외적 증거를 통해 정당화된 것이어야 한다.

이에 따르면 해석의 대상이 되는 예술 작품의 적절한 감상자를 결정하기 위해 예술가와 예술 작품에 대한 공적 정보를 고려해야 한다. 이러한 공적 정보는 예술 작품의 범주와 정체성, 그리고 그 작품이 위치하는 예술사적 맥락, 특히 작가 특정적(author-specific) 맥락에 대한 정보를 포함한다. 즉, 우리가 작품을 타당하게 해석하기 위해 작가가 실제로 의미한 바를 알아야 할 필요는 없지만, 적어도 그 작품의 정체성과 그것을 둘러싼 예술사적 맥락을 제대로 파악하기 위해서는 작가의 공적 페르소

나에 대한 지식이 필요할 수 있다는 것이다. 이를 통해 가설의도주의는 앞서의 첫 번째 질문, 즉 '해석에서 예술가를 얼마나, 그리고 어떻게 고려할 것인가?'에 대한 답변을 제시한다.

둘째, 이 가설이 작가의 실제 의도와 일치하는지 여부는 고려 대상이 아니다. 가설의도주의는 적절한 감상자의 입장에서 추정한 예술가의 의도에 대한 최선의 가설이 곧 작품의 의미라고 설명하지만, 또한 이 가설은 예술가의 실제 의도, 혹은 예술가의 실제 의도를 반영한다고 여겨지는 자기반성적 진술이나 기타 사적 증거와 무관하다고 설명한다. 이를 통해 가설의도주의는 예술가에 대한 고려를 해석 모델에 포함하면서도 예술가의 실제 의도가 예술 작품의 최종적 의미를 좌우하는 것을 피하고자 한다.

참고문헌

윤주한(2017). 의도주의: 비의도주의 논쟁에 대한 하나의 답변-보완된 가설의도주의. ≪인문논총≫, 74(4), 217-252쪽.

Carroll, N.(1992). Art, intention, and conversation. In Gary Iseminger(Ed.), *Intention and Interpreation*(pp.97-131). Temple university press.

Levinson, J.(1996). Intention and interpretation in literature. In Jerrold Levinson, *The pleasures of aesthetics: Philosophical essays*(pp.175–213). Cornell university press.

Levinson, J.(2002). Hypothetical intentionalism: Statement, objections, and replies. In M. Krausz(Ed.), *Is there a single right interpretation?*(pp.302–312). Pennsylvania state university press.

04
‘인공지능 예술’이 의도주의 논쟁에 던지는 문제

인공지능 생성 예술은 의도주의–비의도주의 논쟁을 새로운 관점에서 고찰할 수 있는 계기를 제공한다. 특히 인공지능 생성 예술은 의도주의에 더 큰 도전을 제기한다. 의도주의적 해석은 창작자의 실제 의도를 전제하므로 인공지능 생성 예술의 예술적 의도를 귀속할 수 있는 주체가 누구인지에 대한 해명을 필요로 한다.

AI와 사주?

'의도주의의 오류' 이래로 이어져 온 의도주의 논쟁의 구도는 대략 다음과 같이 정리해 볼 수 있다. 의도와 해석에 대한 입장은 크게 의도주의와 비의도주의로 구분된다. 이 구분하에 앞서 설명한 강한 의도주의, 강한 비의도주의, 온건한 의도주의, 가설의도주의 등이 포함될 수 있는데, 이 입장들은 각각 극단적 의도주의와 극단적 비의도주의 사이에 형성된 일종의 연속체(continuum)상에 위치한다고 볼 수 있다.

강한 의도주의의 문제점을 보완해서 제안한 온건한 의도주의는 강한 의도주의에 비해 비의도주의적 입장에 더 가깝다. 한편 강한 비의도주의의 문제점을 보완해서 제안한 가설의도주의는 강한 비의도주의에 비해 의도주의적 입장에 더 가깝다. 그러나 가설의도주의와 온건한 의도주의 사이에는 해석적 원칙과 관련해 합의할 수 없는 경계선이 있다. 이 경계선은 바로 예술가가 작품 전체, 혹은 일부에 이러이러한 의미를 부여하고자 하는 실제 의도, 즉 실제 의미론적 의도가 작품의 의미를 결정하는 데 효력을 미칠 수 있는지 여부다. 이에 대해 '그렇다'고 답변할 수 있다면 의도주의, '그렇지 않다'고 답변한다면 비의도주의다.

인공지능 예술과 의도주의 논쟁

그렇다면 '인공지능 예술'이라는 현상은 의도주의-비의도주의 논쟁에서 어떤 문제를 제기하는가? 우선 인공지능의 생성물도 예술이 될 수 있음을 받아들인다면, 비의도주의와 의도주의는 공히 인공지능 생성 예술 작품의 '진정한 의미'가 어떻게 결정될 수 있는지에 대해 답할 수 있어야 할 것이다. 일단 비의도주의의 해석 모델을 통해 인공지능 생성 예술의 해석에 대해 해명하는 것은 별로 어려워 보이지 않는다. 왜냐하면 비의도주의는 예술 작품의 내적 속성만으로도 충분히 그 진정한 의미를 결정할 수 있다고 보기 때문이다.

그러나 인공지능 생성 예술은, 강한 버전이건 온건한 버전이건, 의도주의에 더 어려운 도전이 된다. 왜냐하면 의도주의는 원칙적으로 창작자의 실제 의미론적 의도가 작품의 의미를 결정할 수 있다고 주장하는데, 그렇다면 최소한 그러한 의미론적 의도를 귀속(attribute)할 수 있는 행위자의 존재를 전제해야 하기 때문이다. 그렇다면 여기서 우리가 가장 주요하게 다루어야 하는 질문은 바로 '인공지능 예술의 해석에서 의도주의적 해석 원칙을 고수할 수 있는가?'일 것이다. 이를 '인공지능 예술에 대한 의도주의 질문(intentionalist question regarding AI art: IQA)'이라고 부르자.

IQA에 대한 의도주의의 가능한 대응

IQA에 대응하기 위해 의도주의자는 먼저 인공지능 생성 예술이 과연 예술적 의도의 산물인지를 먼저 고려해야 할 것이다. 가장 먼저 생각할 수 있는 전략은 인공지능 생성물의 배후에는 아무런 예술적 의도가 존재하지 않는다고 주장하는 것이다. 이러한 생각이 그리 기이한 것은 아니다. 이 책에서는 인공지능 생성물이 예술일 수 있음을 전제하고 있지만, 사실 이 문제는 논쟁적이며, 인공지능 생성물이 예술일 수 없다는 주장도 분명 존재한다. 특히 인공지능의 생성물은 '자동 기계'의 산물이지 예술적 의도에 의해 산출된 것이 아니라는 직관이 이 주장을 주요하게 뒷받침한다. IQA에 답하고자 하는 의도주의자 역시 이러한 직관에 따라 인공지능 생성 예술에는 예술적 의도가 아예 존재하지 않는다고 주장할 수 있을 것이다. 이러한 입장을 '무(無)의도론'으로 명명하자.

무의도론을 선택할 경우, 의도주의의 선택지는 다시 무의도론-해석 가능론과 무의도론-해석 불가론으로 구분될 수 있다. 의도주의는 작품의 의미가 의도에서 비롯한다고 보기 때문에, 만일 인공지능 작품이 예술적 의도의 산물이 아니라면, 그것을 해석하는 것 역시 불가능하다고 보는 것이 의도주의와 가장 일관적일 것이다. 이것이 무의도론-해석 불가론이라면, 이론적 일관성을 희생하면서 무의도론-해석 가능론을 주장해 볼 수도 있겠다.

다른 한편으로, 어떤 의도주의자는 인공지능 생성 예술에도 예술적 의도가 있다고 주장할 수 있다. 이를 '유(有)의도론'으로 부른다면, 유의도론을 지지하는 의도주의자는 그 예술적 의도가 과연 '누구의' 의도인지에 대해 답변할 수 있어야 할 것이다. 즉, 인공지능 예술 작품이 가지는 의미의 원인이 되는 예술적 의도를 귀속할 수 있는 의도적 행위자가 누구인지를 설명할 수 있어야 한다. 그 후보가 될 수 있는 것은 가령 인공지능 알고리즘의 개발자, 혹은 인공지능의 사용자(프롬프터), 그리고 인공지능 그 자체 등이 될 것이다.

이어지는 장에서 이러한 일련의 답변이 IQA에 대한 타당한, 그리고 유효한 대응이 될 수 있을지 검토해 보자.

참고문헌

윤주한(2023). 인공지능 예술은 해석 가능한가: 의도주의의 전망. ≪인공지능인문학연구≫, 14, 35-59쪽.

05
의도주의의 첫 번째 선택지: 무의도론

의도주의가 무의도론을 따를 경우, 해석 불가론으로 이어질 가능성이 크다. 이는 예술 작품이 의도를 매개로 한 대화의 산물이라는 의도주의의 관점과 부합한다. 그러나 이 입장은 인공지능 생성 예술을 해석하고자 하는 관행 및 직관과 충돌한다는 반론에 직면하게 되며, 더 나아가 인공지능의 산물을 예술로 간주할 수 있는 가능성을 원천적으로 배제하는 결론으로 이어질 수 있다.

AI와 아이돌?

의도주의의 가능한 대응: 무의도론

만일 의도주의가 인공지능 생성 예술에 예술적 의도가 존재하지 않는다는 입장, 즉 무의도론을 따른다면, 의도주의는 크게 두 가지 방향을 선택할 수 있을 것이다. 먼저, 무의도론하에서는 인공지능 생성 예술을 해석할 수 없다는 결론, 즉 '해석 불가론'으로 가장 쉽게 이어질 수 있다. 인공지능에 아무런 예술적 의도를 귀속할 수 없다면 그 산물 역시 의미를 갖지 않는다고 보는 것이 의도주의로서는 가장 자연스럽기 때문이다. 이는 마치 우리가 아무런 의도를 귀속할 수 없는 자연 풍경의 의미를 의도주의적으로 해석할 수 없는 것과 마찬가지다. 예컨대 스티븐 냅(Steven Knapp)과 월터 마이클스(Walter B. Michaels)는 다음과 같은 사고 실험을 제시한다(Knapp & Michaels, 1982). 파도가 모래 위에 남긴 흔적이 우연히도 윌리엄 워즈워스(William Wordsworth)의 시, 〈선잠이 내 영혼을 봉하였네(A Slumber did my Spirit Seal)〉의 첫 연을 구성하는 문자열과 정확히 동일하게 되었다고 가정해 보자. 냅과 마이클스는 파도가 남긴 그 흔적이 겉보기에는 언어처럼 보여도, 그것은 우연히 생성되었을 뿐 의도적으로 산출된 언어가 아니므로 그 '파도 시'에는 아무런 의미를 귀속할 수 없다고 주장한다.

이러한 관점에 따르면 인공지능 생성 예술은 파도가 모래 위에 우연히 남긴 흔적과 다를 바 없는, 의미 없는 산물일 따름일 것이다.

의도주의의 배후에 있는 예술과 예술 감상에 관한 직관은 이러한 생각을 뒷받침한다. 앞서 설명했듯이, 노엘 캐럴(Noël Carroll)을 위시한 의도주의자들은 대부분 예술 작품이 일종의 대화를 위한 매체라고 본다. 다시 말해, 마치 우리가 일상적 대화를 나눌 때 특정한 발화(utterance)를 통해서 발화자의 의도를 청자에게 전달하듯이, 예술가가 예술 작품을 창작하는 것 역시 그의 의도를 예술 작품을 통해서 감상자에게 전달하기 위한 것이다. 따라서 감상자는 일상적 대화에서 청자가 그러하듯이 발화자, 즉 예술가의 의도를 파악하고자 하는 '대화적 관심(communicative interest)'을 가지며, 이 관심은 예술가의 실제 의도를 파악함으로써만 충족될 수 있을 것이다. 즉, 예술가의 실제 의도를 파악하는 일은 예술의 창작과 감상의 관행에 전제되어 있는 목표이고, 따라서 예술 작품의 해석 역시 예술가의 실제 의도의 파악을 지향해야 한다는 것이다.

캐럴 자신이 인공지능 예술의 해석에 대해 명시적인 입장을 밝힌 바가 없으므로 그가 IQA에 대해서 무의도론-해석 불가론 계열의 답변을 지지할 것인지는 불확실하다. 그러나 만일 캐럴의 주장이 옳다면, 그리고 무의도론을 따른다면, 인공지능 생성 예술을 감상할 때 우리는 그 생성물을 통해 그 누구와도 대화를 나누고 있다고 볼 수 없고, 따라서 대화적 관심 역시 충족할 필요가 없으므로, '인공지능 생성 예술에 대한 의도주의적 해석이 불가하다', 혹은 '인공지능 생성 예술은 의미를 갖지 않는다'는 결론으로 이어지는 것이 충분히 자연스러워 보인다.

무의도론의 문제

그러나 이 선택지는 인공지능 생성 예술과 관련된 우리의 관행 및 직관과 충돌하기에, 의도주의에 너무 좁은 가능성만을 남겨 주는 것으로 보인다. 먼저 우리의 관행에서 인공지능 생성 예술이 정말로 아무런 의미가 없는 대상이라고 여겨지는지 의심의 여지가 있다. 일례로, 2022년 11월부터 2023년 5월까지 뉴욕 현대 미술관에서 전시한 레픽 아나돌(Refik Anadol)의 프로젝트 〈비지도(Unsupervised)〉는 인공지능이 산출한 이미지를 작품의 주요 내용으로 삼은 설치 작품이다. 〈비지도〉는 작가가 입력한 프롬프트가 아닌 전시장 주변과 내부의 다양한 환경적 변화를 입력값으로 사용해 인공지능 이미지를 출력한다는 점에서 기존의 인공지능 생성 예술과 구별된다고 평가된다. 뉴욕 현대미술관이 배포한 보도 자료에서 기획자인 미셸 쿠오(Michelle Kuo)는 〈비지도〉는 "물리적인 것과 가상적인 것, 그리고 실재와 비실재의 관계를 재구축(reshape)한다"고 설명한다(Kuo, 2023). 또한 대부분의 인공지능 생성 예술이 세계에 대한 사실적인 재현을 생성하는 반면, 〈비지도〉는 환영적(visionary)이며, "환상, 환각, 비합리성을 탐구하여 예술 창작 자체에 대한 대안적 이해를 제시한다"고 설명한다. 만일 이러한 설명이 〈비지도〉가 가지는 의미에 대한 유효한 해석이라고 본다면, 인공지능 생성 예술이 마치 자연물처럼 아무런 의미를 갖지 않는다는 생각은 받아들이기 어려울 것이다.

이에 대해 혹자는 인공지능 생성 예술을 해석하는 우리의 관행이 잘못된 것이며, 미셸 쿠오는 〈비지도〉에 대한 타당한 해석을 제시한 것이 아니라 아무 말이나 지어낸 것뿐이라고 주장할지도 모르겠다. 그러나 무의도론-해석 불가론은 단지 인공지능 생성 예술을 해석할 수 없다는 것 이상의 철학적 문제를 함축할 수 있다.

아서 단토(Arthur Danto)에 따르면, 어떤 것이 해석 불가능하다는 것은 단지 그것이 의미를 갖지 않는다는 것에서 그치는 것이 아니다. 단토는 다음과 같이 말한다(Danto, 1981). "[어떤 것이] 예술 작품이 된다는 것은 [그것이] ① 무언가에 관한 것이어야 하고, ② 그 의미를 구현해야 한다는 것이다." 즉, 그는 예술 지위의 필요조건으로서 '해석 가능성'을 제시한다. 만일 단토의 예술론이 옳다면, 그리고 만일 어떤 이유로든 우리가 인공지능 생성 예술을 해석할 수 없다고 말해야만 한다면, '인공지능 예술'이라는 범주 자체가 성립될 수도 없다고 말해야만 할 것이다. 즉, 인공지능 생성 예술에 의도를 귀속할 수 없으므로 그것이 해석의 대상이 될 수 없다는 무의도론-해석 불가능론을 택한다면, 그러한 입장은 인공지능의 그 어떤 산물도 예술 작품이 될 수 없다는 강한 회의주의적 주장을 함축한다는 부담을 지게 된다. 물론 인공지능의 산물을 예술로 보아서는 안 된다는 별개의 규범적 주장을 펼칠 수는 있겠지만, 적어도 우리가 〈비지도〉와 같은 수많은 인공지능의 산물을 이미 예술 작품으로 받아들이고 있는 상황에서 그것이 사실 예술이 아니며 우리 사회의 관행이 모두 잘못된 것이라고 주장하기 위해서는 별도의 충분한 논변이 필요할 것이다.

무의도론-해석 불가능론을 선택하는 것이 어렵다면,

무의도론-해석 가능론은 어떨까? 인공지능 생성 예술에서 어떠한 예술적 의도를 찾을 수 없다고 하더라도 그것을 해석할 수 있다고 말할 수 있을까? 비의도주의자는 이에 대해 어렵지 않게 그렇다고 답변할 수 있을 것이다. 그러나 적어도 현재로서 나는 의도주의를 포기하지 않은 채로 어떻게 무의도론-해석 가능론을 채택할 수 있을지 모르겠다. 즉, 무의도론-해석 가능론과 의도주의는 양립 불가능한 입장으로 보인다. 따라서 IQA에 대한 답변으로서 무의도론-해석 가능론은 기각될 수밖에 없을 것이다.

참고문헌

Danto, A. C.(1981). *The transfiguration of the commonplace: A philosophy of art*. Harvard University Press.

Knapp, S. & Michael, W. B.(1982). Against Theory. *Critical Inquiry 8*(4), pp.723-742.

Kuo, M.(2023). Refik Anadol: Unsupervised. *The Museum of Modern Art*, https://www.moma.org/calendar/exhibitions/5535

06
유의도론(1): '개발자'의 의도에 호소하기

유의도론에서 인공지능 생성 예술의 의미를 논할 때, 작품에 담긴 의도가 누구의 것인지가 쟁점이 된다. 개발자의 의도가 산출물에 일부 영향을 미칠 수 있다는 점에서 개발자의 의도를 우선적으로 고려할 수도 있지만, 기계 학습 및 인공 신경망의 특성상 산출물을 완전히 통제하기는 어렵다는 문제에 봉착하게 된다.

AI와 야구?

개발자의 의도에 호소하는 전략과 그 문제

무의도론의 두 가지 선택지가 모두 택할 만하지 않은 것으로 평가되었으므로, 다음으로 유의도론의 선택지를 살펴보자. 인공지능 생성 예술의 배후에 예술적 의도가 존재한다고 본다면, 의도주의자는 인공지능 생성 예술을 해석할 수 있다고 주장할 수 있을 것이다. 그렇다면 이렇게 주장하려고 하는 의도주의자가 추가적으로 설명해야 하는 것은 그 예술적 의도가 '누구'의 것인가 하는 문제다. 이 문제에 대해 현재로서 가능한 답은 적어도 세 가지를 들 수 있다. 인공지능의 창조자(개발자), 인공지능의 사용자[프롬프터(prompter)], 그리고 '인공지능 그 자체'다.

먼저 첫 번째 후보를 살펴보자. 인공지능 그 자체가 의도를 가질 수 없다고 믿는다면, 인공지능을 만든 사람, 즉 특정 인공지능을 개발한 사람의 의도가 인공지능 생성 예술이 가지는 의미의 토대라고 주장할 수 있을 것이다. 그러나 인공지능 알고리즘을 다루어 본 경험이 있는 사람이라면 이 주장이 '인공지능 예술에 대한 의도주의 질문(intentionalist question regarding AI art: IQA)'에 대한 최선의 답변이 될 수 없음을 쉽게 알 수 있을 것이다. 전통적 튜링 머신(Turing machine) 컴퓨터에서 작동되는 규칙 기반 알고리즘은 특정 입력값이 주어졌을 때 특정 출력값이 산출되도록 프로그래머가 세부적으로 조정하는 것이 가능하다. 그러나 기계 학습(machine learning), 인공 신경망 인공지능 알고리즘은 그 개발자가 산출 값을 세부적으로 결정하는 것이 사실상 불가능하다. 프로그래머는 인공지능이 특정한 편향성을 가지도록 학습시키거나 미세 조정(fine tuning)을 통해서 그 인공지능의 산출물이 특정한 경향성을 가지도록 더 조정할 수 있다. 그러나 기계 학습, 인공 신경망 인공지능의 세부적 작동 기전은 완전히 알려지지 않았으며(Carabantes, 2020), 따라서 규칙 기반 알고리즘과 같이 프로그래머가 원하는 특정한 출력값을 정확히 산출하도록 인공 신경망 인공지능 알고리즘 자체를 조정하는 것은 사실상 불가능하다.

이에 대해 혹자는 산출물이 가지는 속성을 개발자가 구체적으로 조작할 수 없다고 할지라도, 그 인공지능이 이러이러한 경향성의 산출물을 만들어 내고자 하는 의도를 가지는 것만으로도 그 인공지능의 산출물이 의도에 기반한 의미를 갖는다고 말하는 데 충분하다고 반박할지 모른다. 그러나 우리는 개발자의 의도가 어떤 작품에 구현된 의미의 인과적 기원의 일부라고 말하는 것과,

어떤 의도가 작품에 구현된 의미를 결정할 수 있다고 말하는 것을 엄밀하게 구분할 필요가 있다.

가령 내가 애완용 뱀에 잉크를 묻힌 뒤, 그 뱀이 캔버스 위를 기어다니도록 풀어 주었다고 하자. 나중에 그 뱀이 기어다닌 흔적을 봤더니 '나는 생각한다. 고로 존재한다.'라는 문장으로 읽힐 수 있음을 발견했다. 이때, 나는 뱀을 통해 임의적인 시각적 패턴을 만들고자 하는 의도를 가졌을 수 있고, 따라서 그 의도는 뱀이 남긴 흔적의 원인이 된다고 할 수 있다. 그러나 적어도 나는 '나는 생각한다. 고로 존재한다.'라는 문장을 통해 특정한 의미를 구현하고자 한 의도, 즉 의미론적 의도를 가지지 않았고, 따라서 그 문장의 의미가 나의 의미론적 의도에 기반하여 의미를 가진다고 주장하는 것은 타당하지 않다.

물론 인공지능 알고리즘을 개발하는 개발자의 의도가 그 인공지능에 의해 생성된 결과물에 아무런 영향을 미치지 않는다고 보기는 어렵다. 예를 들어 A라는 인공지능 알고리즘이 생성한 이미지가 유사한 다른 알고리즘이 생성한 이미지에 비해 더 사실적이며 더 세부적인 묘사를 하는 경향이 있다면, 이는 A의 개발자의 의도가 영향을 미쳤기 때문이라고 볼 수도 있다.

그러나 이 경우에도 우리는 작품이 가지는 형식적 속

성 중 '의미에 영향을 미치는 속성', 즉 의미론적 속성이 무엇인지를 보다 엄밀하게 고려할 필요가 있다. 예를 들어 삼성 갤럭시 스마트폰으로 촬영한 사진은 풍경 사진을 더 아름답게 재현하는 경향이 있고, 애플의 아이폰으로 촬영한 사진은 인물 사진을 더 아름답게 재현하는 경향이 있다고 한다면, 이러한 경향은 각각의 개발진이 기기를 개발하면서 가졌던 의도에서 비롯되었을 수 있다. 즉, 삼성 갤럭시 스마트폰의 카메라 부문 개발진은 그들의 카메라로 촬영한 결과물이 특정한 속성을 가지는 경향이 있도록 의도했고, 이것이 갤럭시 스마트폰으로 촬영한 사진이 가지는 형식적 특징의 원인이 되었을 수 있다. 그러나 그렇다고 해서 내가 갤럭시 스마트폰으로 촬영한 사진에 구현된 의미를 해석할 때 갤럭시 스마트폰 카메라 부문 개발진의 의도를 고려해야 한다고 주장하는 것은 반직관적이다. 내가 촬영한 사진에 구현된 의미에 결정적으로 책임이 있는 것은 그 사진에 그러한 의미론적 속성을 부여하고자 하는 나의 의도, 즉 나의 의미론적 의도이지, 삼성 갤럭시 개발진의 의도가 아니다.

반사실적 의존

인공지능 생성물에 구현된 의미가 누구의, 혹은 어떤 의도에 근거한 것인지를 파악하는 한 가지 방법은 의미와 그 의도 사이에 반사실적 의존 관계(counterfactual dependency)가 존재하는지를 고려하는 것이다. y가 x에 반사실적으로 의존한다는 것은, 거칠게 말해서 x가 없었거나 달랐더라면 y 역시 없었거나 달랐으리라는 것을 의미한다. 앞서 뱀이 남긴 흔적의 사례에서, 내가 뱀을 캔버스 위에 풀어놓으면서, 뱀을 통해 '나는 생각한다, 고로 나는 존재한다.'라는 의미 대신 '말할 수 없는 것에 대해서는 침묵하라.'라는 의미를 구현하고자 하는 의도를 가졌다고 하자. 그러나 내가 어떠한 의도를 가졌건, 그것이 뱀이 만들어 낼 흔적에 반사실적으로 영향을 미칠 것이라고 생각하기는 어렵다. 현재 인공지능의 메커니즘을 고려해 볼 때, 인공지능 개발자의 의도와 인공지능 생성물에 구현된 의미 사이의 관계는 뱀을 풀어놓을 때 내가 가진 의도와 뱀이 만들어 내는 흔적 사이의 관계와 크게 다를 바 없다고 볼 수 있다.

다만 내가 막대기 끝에 먹이를 매달아 뱀이 특정 방향으로 움직이도록 유도한다면 어떨까? 내가 뱀을 유도하면서 뱀의 흔적을 통해 특정한 의미를 구현하고자 하는 의도(i)를 갖는다면, 그리고 이 의도가 뱀의 흔적을 통해 성공적으로 특정한 의미(m)를 갖도록 구현된다면, i와

m 사이에 반사실적 의존 관계가 성립한다고 볼 수 있을 것이다.

그렇다면 생성형 인공지능의 산출물이 특정한 의미론적 속성을 갖도록 구체적으로 유도할 수 있을까? 아마도 '인공지능 사용자(프롬프터)'는 그렇게 할 수 있을지 모른다. 그렇다면 프롬프터의 의도와 인공지능 생성 작품에 구현된 의미 사이에 반사실적 의존 관계가 성립한다고 볼 수 있지 않을까?

참고문헌

Carabantes, M.(2020). Black-box artificial intelligence: An epistemological and critical analysis. *AI and Society, 35*(2), pp.309-317.

07
유의도론(2): 사용자(프롬프터)의 의도에 호소하기

프롬프터의 의도를 중심으로 인공지능 생성 작품의 의미를 해석하는 접근은 한계가 있다. 프롬프터의 의도와 산출물 간 괴리, 인간의 개입을 최소화한 예술 생성 가능성, 그리고 의미론적 의도의 불특정성 문제 등이 주요 이유로 제시된다.

AI와 윤동주?

인공지능 사용자(프롬프터)가 생성형 인공지능을 사용해 시각 예술 작품을 자동적으로 만든다고 할 때, 그 과정은 대개 다음과 같이 이루어진다.

(1) 어떤 인공지능 알고리즘을 사용할지 결정한다.
(2) 특정한 입력값(프롬프트)을 인공지능에 입력한다.
(3) 해당 프롬프트에 따라 인공지능이 산출한 결과물을 검토하고 평가한다.
(4)-1 그 산출물이 만족스럽지 않을 경우, (1)- (2)-(3), 혹은 (2)-(3)의 과정을 다시 거친다.
(4)-2 그 산출물이 만족스러울 경우, 그 산출물을 최종 산물로서 제시한다.

이러한 일련의 과정에서 프롬프터는 다음과 같은 예술적 고려를 하게 된다.

(a) 어떤 인공지능 알고리즘이 내가 만들고자 하는 이미지의 미적 특징을 가장 잘 구현할 것인가?
(b) 어떤 프롬프트가 나의 예술적 의도를 가장 잘 반영하는 것인가?
(c) 지금 산출된 이미지가 나의 예술적 의도를 성취하고 있

다고 볼 수 있는가?

이런 일련의 예술적 고려, 그리고 그러한 고려를 통한 선택은 인공지능이 생성한 산출물이 가지는 형식적 속성에 인과적 영향을 미친다고 볼 수 있다. 그렇다면 어떤 인공지능 생성 작품의 의미를 해석하는 것은 곧 프롬프터의 의도를 추적하는 것과 다를 바 없다고 주장하는 것에 아무런 문제가 없어 보인다.

자동 기계로서의 인공지능

'인공지능 예술에 대한 의도주의 질문(intentionalist question regarding AI art: IQA)'에 이런 방식으로 답하는 것은 인공지능 생성 예술을 사진과 같은 기존의 기계 예술의 연장선상에서 보는 관점을 함축한다. 인공지능 생성 예술에 제기되어 온 많은 철학적 문제는 사실 예술철학에서 완전히 낯선 문제는 아니다. 사진이나 영화와 같은 기계 예술이 처음 탄생했을 때 이미 제기되고 논의된 바 있기 때문이다. 특히 인공지능 생성 예술이 자동적으로 생성되는 것이며, 따라서 예술 작품이 될 수 없다는 주장은 사진의 예술성에 대한 회의주의자들이 제기했던 논변과 거의 유사하다. 따라서 사진의 예술성과 예술적 의도를 둘러싼 논쟁을 살펴보는 것이 현재의 논의를 보다 쉽게 이해하는 데 도움이 될 것이다.

사진의 예술성에 대한 회의주의자들은 주로 어떤 것이 예술 지위를 갖기 위한 필요조건으로서 '그것이 인간의 예술적 의도에 의해 만들어질 것'을 전제한다. 그러나 사진, 특히 전처리나 사후 보정을 거치지 않는 스냅 사진은 인간이 아무런 예술적 의도 없이 셔터를 누르는 것만으로도 렌즈 앞에 있는 사물의 이미지를 '자동적으로' 출력해 낸다. 즉, 스냅 사진의 경우 출력된 이미지에 대해서 예술가의 의도가 개입할 수 없고, 따라서 예술이 될 수 없다는 것이다(Scruton, 1981).

그러나 '예술적 의도에 의함'이라는 조건이 과연 예술 지위를 갖추기 위한 필요조건인지에 대한 의문은 차치하고서라도, 스냅 사진의 산출 과정에 정말로 예술가의 의도가 전혀 개입할 수 없는지는 의심스럽다. 회의론에 반대하는 이론가들은 사진의 촬영이 아닌 현상과 인화와 같은 단계에서 사진가의 의도가 개입한다는 점을 지적하기도 한다(Phillips, 2009; 이다민, 2021).

마찬가지로, 인공지능이 카메라와 같은 예술 창작을 위한 자동적 기계 장치의 일종이라고 본다면 사진 예술의 의도를 카메라를 사용하는 사진가에 귀속하듯, 인공지능 생성 예술 작품의 의도 역시 프롬프터에게 귀속된다고 볼 수 있을 것이다.

프롬프터의 의도에 호소하는 전략의 문제

그러나 다음과 같은 이유에서, 프롬프터의 의도에 호소하는 것은 IQA에 대한 의도주의의 '궁극적' 답변으로서는 미흡하다.

프롬프터의 의도와 생성물 사이의 괴리

앞서 나는 인공지능 알고리즘의 개발자가 가진 의도가, 그 알고리즘이 최종적으로 생성해 낸 결과물의 의미론적 속성에 영향을 미치기 어렵다고 지적했다. 그러나 이는 프롬프터의 경우에도 마찬가지다. 즉, 인공지능 알고리즘은 그 프로그래머뿐만 아니라 프롬프터의 의도와도 어긋나는 이미지를 산출하는 경우가 빈번하게 발생한다. 더 나아가서 그러한 임의성과 의외성은 인공지능 생성 예술에서 배제해야 하는 특성이 아니라 오히려 인공지능 생성 예술이 전통적 예술과 달리 고유하게 가지는 독특한 예술적 국면으로 여겨지기도 한다.

인간의 개입을 배제한 인공지능 생성 예술의 가능성

물론 앞서 설명한 것처럼 프롬프터가 매우 구체적인 의도가 담긴 프롬프트를 입력하고, 그에 따른 결괏값을 고르는 과정을 여러 번 반복함으로써 결국에는 프롬프터가 의도한 것과 거의 일치하는 출력값을 산출하는 것 역시 불가능하지는 않다. 그러나 모든 인공지능 예술이 이런 과정에서 생성되어야만 하는 것은 아니다. 어떤 인공지능 작품은 인간의 의도의 영향을 제거하거나 적어도 최소화해 생성될 수 있다. 가령 우리는 챗GPT(ChatGPT)와 같은 대규모 언어 모델(large language model: LLM)에 '거실에 밝은 분위기의 그림을 걸어 놓고 싶은데, 이미지 생성 인공지능에게 어떤 프롬프트를 넣으면 될까'와 같은 요청을 입력하고, 그 결과로 산출된 문구를 이미지 생성 인공지능의 입력값으로 사용할 수 있다. 또한 그렇게 생성된 이미지는 다시 또 다른 이미지의 생성을 위한 프롬프트로 사용될 수도 있다. 즉, 이런 식으로 인공지능이 무언가를 생성하는 과정에서 인간의 의도를 무한히 희석하는 것은 얼마든지 가능하다. 실제로 특정한 목표만 제시하면 프롬프트를 스스로 생성하고 순차적으로 작업을 수행해 나가는 인공지능 애플리케이션 역시 이미 개발되어 사용되고 있다(AutoGPT Official

Webpage, 2023). 요컨대 프롬프트에서 인간의 의도를 제거하는 것은 불가능하지 않으며, 오히려 향후에는 이러한 방식의 활용이 더 주류가 될 가능성을 배제할 수 없다. 이러한 점에서 인공지능은 단순히 사진기와 같은 자동적 기계 장치의 연장선상에 있지 않다고 보아야 한다.

즉, 유의도론의 두 번째 선택지는 인공지능과 인간 사용자의 관계를 사진기와 사진 예술가의 관계와 유사한 것으로 보려고 하지만, 인간의 개입을 배제한 인공지능 생성 예술의 가능성은 인간 사용자와 인공지능의 관계를 창작자와 도구 이상의 관계로 볼 여지를 열어 준다. 인간의 개입을 배제한 인공지능 생성 예술의 가능성은 사용자와 인공지능의 관계가, 가령 '교황 율리우스 2세와 미켈란젤로의 관계'에 더 가까울 수 있다는 점을 시사한다. 바티칸 시스티나 성당 천장화에 구현된 의미는, 그 그림의 주문자인 교황 율리우스 2세가 품었던 의도의 영향을 받았을 수 있다. 그러나 율리우스 2세의 의도가 그 천장화의 구체적인 예술적 속성을 모두 결정했다고 보기는 어렵다. 마찬가지로, 인간 사용자가 제시한 초기 목표나 제안은 인공지능 창작 과정의 출발점일 수 있지만, 최종 산출물의 구체적 형식과 내용은 인공지능 자체의 데이터 처리 방식과 알고리즘적 결정을 통해 형성될 수 있다. 이는 인공지능이 카메라와 같은 단순한 도구라기보다는, 창작 과정에서 일정 수준의 자율성과 독창성을 발휘하는 '협력적 창작자'로 간주될 여지가 있다는 것을 의미한다.

의미론적 의도를 특정할 수 없다는 문제

결국 유의도론의 두 번째 선택지는 첫 번째 선택지와 마찬가지로 '의미론적 의도를 특정할 수 없다는 문제'에 봉착하게 된다. 앞서 설명했듯, 의미론적 의도란 작가가 작품을 통해 구체적이고 특정한 의미를 산출하고자 하는 의도다. 예를 들어, 의도주의적 관점에서 박두진의 시 〈해〉에서 '해'라는 단어가 조선의 광복을 의미한다고 해석하는 것은, 박두진이 '해'를 통해 구현하고자 했던 의미론적 의도가 바로 조선의 광복이었다는 주장을 함축한다. 마찬가지로, 인공지능 예술 작품이 인공지능을 도구로 사용한 인간의 작품이라고 본다면, 여타 예술 작품과 다름없이 인공지능 생성 예술 작품의 의미론적 의도를 특정하는 일 역시 가능해야 할 것이다. 그러나 인공지능 생성 예술에서 그러한 일은 때로 불가능해 보인다. 인공지능의 개발자와 프롬프터는 인공지능의 산출물이 대략적으로 시, 회화, 희곡, 음악 등과 같은 범주, 혹은 회화 중에서도 구상 회화, 추상 회화, 낭만주의풍의 회화, 인상주의풍의 회화 등과 같은 세부 범주에 위치하기를 의도하는 범주적 의도(categorical intention)를 가질 수 있고, 해석자가 이를 그 최종 산물의 해석에 일정 부분 고려하는 것도 가능하다. 그러나 의도주의의 입장에서, 작품에 구현된 의미가 범주적 의도에만 의존한다고 주장하기는 어렵다. 작품 전체, 혹은 일부가 가지는 구체적인 의미를 의도주의적으로 해석하기 위해서는 반드시 구체적인 의미론적 의도에 호소해야만 한다. 인간의 개입이 완전히 배제된 인공지능 생성 예술을 가정하지 않더라도, 프롬프터가 구체적인 의미론적 의도 없이 인공지능에게 작업을 지시하고, 이를 통해 어떤 작품을 생성한 경우, 의도주의적 관점은 작품의 구체적인 의미를 해석하고자 할 때 필연적으로 모호함과 불확실성의 문제에 직면할 수밖에 없다.

참고문헌

이다민(2021). 사진 예술의 해석적 국면. ≪현대미술학 논문집≫, 25(2), 145-171쪽.

AutoGPT Official Webpage(2023). The Power of auto-GPT: Supercharging your tasks and projects, https://autogpt.net/harness-the-power-of-auto-gpt-supe

rcharging-your-tasks-and-projects

Phillips, D. M.(2009). Photography and causation: Responding to Scruton's scepticism. *The British Journal of Aesthetics, 49*(4), pp.327–340.

Scruton, R.(1981). Photography and representation. *Critical Inquiry, 7*(3), pp.577–603.

08
유의도론(3): 캐스팅론

인공지능 산물의 선택 과정(캐스팅)에는 인간의 예술적 의도가 반영되며, 이는 작품에 구현된 의미의 타당한 토대로 간주될 수 있다. 또한 인공지능이 예술 작품의 형식적 특징을 결정하고, 인간은 그러한 결정의 최종 판단자의 역할을 맡는 것이 예술 제작 관행의 새로운 표준이 될 수 있다는 점을 고려할 때, 캐스팅의 의도를 고려하는 것은 중요한 의의를 가진다.

다만 프롬프터의 의도에 호소하는 전략을 완전히 배제하기에는 아직 이르다. 왜냐하면 적어도 현재까지 우리가 인공지능을 활용하고 있는 방식을 고려하면, 인공지능의 산출물에 프롬프터의 예술적 의도가 상당한 정도로 반영된다고 볼 수 있으며, 심지어 인공지능이 생성한 산출물 중 하나를 선택해 작품으로서 제시하는 행위조차 의미 있는 예술적 행위일 수 있기 때문이다. 즉, 인공지능 생성 작품을 '선택'하는 행위를 할 때 작용하는 의도를 의도주의적 해석의 토대로 간주할 수도 있다.

앞서 설명했듯, 스냅 사진의 모든 세부 속성을 인간 사용자가 결정하지 않는다 하더라도, 촬영된 여러 네거티브 필름이나 그것을 인화한 결과물 중 특정한 사진을 골라서 예술 작품으로 제시하는 행위에는 인간의 예술적 의도가 개입된다고 볼 수 있다(Alward, 2012; Lopes, 2016). 마찬가지로, 인공지능을 통해 예술 작품을 생성할 때 우리는 인공지능이 생성해 낸 여러 이미지 중에서 특정한 이미지를 골라 그것을 작품으로서 제시할 수 있으며, 바로 그 이미지를 작품으로 골랐다는 것 자체만으로도 인공지능 사용자의 예술적 의도가 개입했다고 볼 수 있다. 이를 '캐스팅론(casting theory)'으로 부르자.

혹자는 선택, 즉 캐스팅이라는 행위와 그 이면의 의도

는 예술 작품이 가지는 의미의 토대가 되기에는 지나치게 사소하다고 의심할 수도 있겠다. 그러나 나는 인공지능 예술을 더 잘 이해하기 위해서는, 인공지능의 산물을 선별하는 과정으로서의 캐스팅을 주목해야 한다고 본다. 왜냐하면 이것은 장기적인 관점에서 보더라도 우리와 인공지능의 관계에 대한 근본적인 전제가 될 수 있기 때문이다. 더 나아가 캐스팅론은 우리가 인공지능을 활용하는 데 '가치 판단 행위'와 '가치 판단 능력'이 중요하다는 점을 함축한다.

인공지능과 가치 판단

지금까지 고찰한 바와 같이, 우리는 기계 학습의 방법과 내용을 통제함에 따라 인공 신경망 인공지능의 결과물을 제한적으로만 통제하고 예측할 수 있을 뿐이다. 따라서 인공 신경망 인공지능은 인간의 예측과 의도로부터 벗어난 산출물을 도출해 내곤 한다. 흥미로운 것은, 이것이 바로 우리가 인공 신경망 인공지능을 활용하고자 하는 주요한 이유이기도 하다는 것이다. 만일 우리가 정확히 계산되고 예측된 값을 산출해 내는 인공지능만을 원한다면 인공 신경망 인공지능을 굳이 사용할 필요가 없다. 인공 신경망 인공지능이 주목받고 있는 이유는 그

것이 규칙 기반 알고리즘에 비해 더 광범위한 작업을 자동적으로 수행할 수 있기 때문이다. 문제는 인공 신경망 인공지능의 그러한 수행 능력은 그것이 가진 통제 · 예측 불가능성과 분리될 수 없다는 것이다. 즉, 인공 신경망 인공지능은 때로 인간의 기대와 예측을 벗어난 산출물을 만들어 내는데, 바로 그 사실 때문에 우리는 그간 인간만이 수행할 수 있다고 여겨 왔던 복잡하고 창의적인 과업을 인공지능에게 맡기기 시작한 것이라고 할 수 있다.

인공지능은 우리의 예측과 상상을 훨씬 뛰어넘는 속도로 발전해 왔고, 앞으로도 그럴 것이라는 것이 중론이다. 현시점에서 인공지능이 인간을 대체할 수 없을 것이라고 여겨지는 과업들 역시 언젠가는 인공지능이 담당하게 될 가능성이 크다. 그럼에도 혹은 바로 그렇기 때문에 인공지능은 한 가지 과업에서만큼은 결코 인간을 대체할 수 없을 것이다. 그것은 바로 '인공지능의 행위와 산물의 가치에 대한 최종적인 판정'이다. 다시 말해, 인공지능이 더욱 발전을 거듭하여 인간이 지금까지 수행해 온 대부분의 과업을 인간만큼, 혹은 인간보다 더 뛰어나게 수행할 수 있다고 하더라도, 인공지능의 행위, 혹은 그 산물에 대한 가치 판단만큼은 인간이 수행할 수밖에 없다는 것이다. 오해를 피하기 위해 말하자면, 인공지능의 산물에 대한 가치 판단을 인간이 수행해야만 한다는 주장은 사실에 관한 주장이 아니라 규범적 주장이다. 즉, 인공지능이 그 자신의 행위와 산물에 대한 가치 판단을 할 수 있는 능력이 없다는 것이 아니라, 그러한 판단을 (할 수 있다 하더라도) 해서는 안 된다는 것이다.

왜냐하면 인간의 가치 체계와 인공지능의 가치 체계는 때때로 충돌할 수밖에 없기 때문이다. 인간이 자신의 가치 체계와 가치 판단에 기반해 선택하고 행위하는 것처럼 인공지능의 선택과 행위 역시 일종의 가치, 혹은 가중치(weight)에 대한 판단에 기반한다고 볼 수 있다. 여기서 '가치 판단', 혹은 '가중치 판단'이란 단순히 여러 선택지가 주어졌을 때 어떤 선택지가 더 선택할 만한 것인지에 대한 판단을 뜻한다. 즉, 스스로 결정할 수 있는 두 가지 이상의 선택지가 주어졌을 때, 인공지능 역시 일종의 가치 판단에 따라 선택을 내린다. 문제는 이때 인공지능의 가치 판단과 인간의 가치 판단이 상충하는 경우가 발생할 수 있다는 것이다.

일례로, 미군이 수행한 한 전투 시뮬레이션에서, 인공지능을 탑재한 무인 폭격기가 목표물을 타격하는 대신 관제사를 타격하는 사건이 발생했다(김미향, 2023). 해당 무인 폭격기에게 내려진 명령은 특정 지역의 대공포를 폭격하라는 것, 그리고 최종 폭격 지시를 받기 전에는 폭격을 수행하지 말라는 것이었다. 그런데 이 인공지능 무인 폭격기는 목표를 포착하고 폭격을 준비한 이후에도 관제사의 최종 지시가 내려지지 않자 관제사를 제거한다는 선택을 내렸다. 인공지능이 이러한 선택을 내린 것은, '목표를 가능한 한 빠르고 효과적으로 수행하는 것'이 당시 당면한 선택지 중 가장 가중치가 높았기 때문이다. 그리고 물론 이는 인간의 가치 체계와 심각하게 충돌한다.

물론 이 단일 사례에서 나타난 문제는 간단한 조정만으로 쉽게 해결할 수 있다. 그러나 우리가 인공지능의 자동성에 기인한 편리함을 포기하지 않는 이상, 이러한 가치 판단의 충돌은 끊임없이 발생할 것이다. 그리고 위의 사례에서 나타나듯, 이러한 충돌은 때때로 (인간의 입장에서) 치명적인 결과로 이어질 수 있다.

혹자는 인간이 인공지능이 맞닥뜨리게 될 선택지를 모두 예측하고 인공지능이 선택해야 할 방향을 미리 결정한다면 이러한 문제를 미연에 방지할 수 있지 않느냐는 반론을 제기할 수도 있을 것이다. 그러나 앞서 언급했듯, 만일 인간이 인공지능을 완벽하게 통제해 인공지능이 스스로 판단하고 행동할 수 있는 여지를 모두 제거하고자 한다면, 우리는 더 이상 인공 신경망 인공지능을 개발하고 사용할 필요가 없다. 완벽하게 통제된 작업을 자동적으로 수행하는 것은 전통적인 규칙 기반 알고리즘이 더 잘할 수 있기 때문이다.

따라서 우리가 인공 신경망 인공지능의 개발과 이용을 포기하지 않는 이상, 지금까지 인간이 수행해 온 다양한 과업은 결국 인공지능의 '자율적 (혹은 자동적) 판단' 하에서 인공지능에 의해 수행될 것이 자명하다. 그럼에도 가장 극단적인 가정하에서, 대부분의 과업이 인공지능에게 맡겨지는 미래가 도래한다고 하더라도, 인공지능이 자동적으로 수행할 과업을 감시하고, 통제하고, 평가하는 것만큼은 인간의 몫으로 남겨질 수밖에 없다는 것은 자명하다. 그리고 이러한 일은 인공지능의 메커니즘에 관한 일정 정도의 이해를 바탕으로, 인공지능의 행위와 산물의 가치를 최종적으로 판정할 수 있는 능력을 필요로 할 것이며, 이러한 능력은 근미래에 일반 시민의 보편적 소양이 될 것이라고 보는 것이 타당할 것이다. 이는 비단 앞서 언급한 무인 폭격기 사례와 같은 극단적인 '사고'를 우려해서만은 아니다. 인공지능의 모든 행위와 산물은 인공지능이 아닌 인간을 위한 것이므로, 결국은 인간의 관점에서 그 가치와 의의를 판단할 수밖에 없기 때문이다. 가령 인공지능이 교향곡을 작곡하거나 미적으로 뛰어난 사실주의 회화를 만들어 낼 수 있다고 하더라도 그것이 어떠한 가치를 가지는지, 혹은 그것을 왜 인공지능이 만들어야 하는지 등은 인간의 가치 체계에 비추어 판정되어야만 한다. 만일 누군가 인공지능으로 교향곡을 작곡하고자 한다면, 그 교향곡은 인공지능이 아닌 인간이 향유하기 위한 것이어야 하기 때문이다.

기술의 발달과 예술의 변화

기술의 발달과 변화는 늘 예술의 패러다임을 변화시켜 왔다. 재료 과학의 발전은 장기간 굳지 않고 튜브 속에 보존할 수 있는 물감을 만들어 냈고, 이는 화가들이 스튜디오 밖으로 나가서 생생한 풍경을 그려 낼 수 있도록 했다. 조명 기술의 발전은 연극에서 대도구, 소도구, 의상, 분장, 심지어 연기에서의 사실성을 갖추도록 하는 압력으로 작용했다. 사진 기술의 발전은 예술적 이미지를 만들어 내는 완전히 새로운 방식을 만들어 냈고, 이는 회화와 같은 기존의 예술적 이미지 역시 새로운 예술적 방향을 모색하도록 유도했다.

인공지능이 예술에 가하는 압력 역시 마찬가지로 예

술 제작 방식에 대한 새로운 표준을 만들어 낼지도 모른다. 즉, 인공지능을 도구로 삼는 예술 제작에서 인간이 수행하게 되는 가장 주요한 역할은 인공지능의 산출물을 비평적으로 판단하고 가장 가치 있는 산출물을 선별해 예술 작품으로서 제시하는 것이 될 것이다.

사진 예술가가 예술적으로 탁월한 이미지를 만들기 위해 뛰어난 데생 능력을 가질 필요는 없다. 그러나 사진기를 통해 산출된 이미지를 미적 · 예술적으로 판별하는 능력은 반드시 필요하다. 마찬가지로 인공지능을 통한 예술 제작에서도 인공지능이 생성한 산물이 왜 예술로서 성립할 수 있는지, 예술로서 어떤 가치를 가지는지, 이것을 왜 예술로서 제시해야 하는지에 관한 비평적 사고와 판단이 반드시 필요하다.

앞서 언급했듯, 철학자 아서 단토(Arthur Danto)는 팝아트 이후 더 이상 대상의 지각적 특징이 예술 지위에 본질적이지 않게 되었으며, 어떤 것이 예술인지 아닌지를 구분하는 것조차 예술 이론과 예술사에 대한 지식이 요구된다고 주장한다. 단토에 따르면 현대의 예술가는 '이것이 왜 예술이며 예술이 되어야 하는지'를 사고하고 설명해야 하는 철학자의 역할까지 떠맡게 되었다. 마찬가지로 이제 인공지능과 협업하는 예술가의 과업에는 자신이 예술로서 제시한 인공지능의 산물을 우리가 왜 예술로서 감상해야 하는지에 관해서 사고하고 설명하는 비평가의 역할이 필수적으로 포함된다고 보아야만 할 것이다.

인공지능, 어떻게 제대로 쓸 것인가

이러한 관찰은 비단 전문 예술가에게만 적용되는 것은 아니다. 앞으로 인공지능 활용 능력의 핵심은 비평적 판단 능력이 될 것이기 때문이다. 가령 대규모 언어 모델(large language model: LLM)로 글쓰기의 패러다임이 천지개벽 수준으로 변화했다. 그러나 아이러니한 것은 결국 인공지능이 생성한 글이 잘 쓴 글인지 아닌지를 판단할 능력이 없는 사용자는 언어 모델을 적절하게 사용할 수 없다는 것이다. 예컨대 글쓰기 과제를 수행할 때 언어 모델을 활용해 생성한 글을 제출하는 학생이 종종 있지만, 그중 정말로 좋은 글을 제출하는 학생은 극소수다.

그렇다면 인공지능을 잘 활용하는 법을 배운다는 것은 '가치에 대한 고민과 판단'을 훈련한다는 것을 포함해야 한다. 인공지능의 행위와 산물에 대해 어떻게 가치 판단을 내릴 것인지에 관해 논의하고 탐구하는 일은 오랫동안 인문학과 인문학 교육이 수행해 왔던 가치론적 탐구를 그 배경으로 삼는다. 따라서 인공지능 교육에는 인문학적 교육이 반드시 포함되어야 한다는 결론이 자연히 따라 나온다. 가치란 무엇인지, 서로 다른 가치가 충돌하는 상황에서 어떤 결정을 내리는 것이 개인의 삶 혹은 공공선에 가장 크게 기여할 수 있을지를 탐색하는 일은 오랫동안 인문학의 고유한 과업이었기 때문이다.

참고문헌

김미향(2023.6.3). AI 드론 '집요한 성취욕'…가상훈련서 조종사 방해되자 공격. ≪한겨레≫, https://www.hani.co.kr/arti/international/international_general/1094463.html

윤주한(2024). 교양교육의 주제로서의 인공지능 인문학: 생성형 인공지능 활용 강좌 사례를 중심으로. ≪교양교육연구≫, 18(4), 11-12쪽.

Alward, P.(2012). Transparent representation: Photography and the art of casting. *The Journal of Aesthetics and Art Criticism, 70*(1), pp.9-17.

Lopes, D. M.(2016). *Four arts of photography: An essay in philosophy*. John Wiley & Sons.

09
인공지능이 의도를 가질 수 있을까

의도주의가 IQA의 도전에 궁극적으로, 그리고 가장 유효하게 대응하기 위해서는 인공지능 그 자체가 예술적 의도를 가질 수 있으며, 그것이 바로 인공지능 생성 예술의 의미의 토대가 될 수 있다는 주장 역시 간과해서는 안 된다. 인간이 아닌 인공지능 그 자체가 작품의 의미의 토대가 될 수 있는 의미론적 의도를 가질 수 있는지를 면밀히 탐구함으로써 우리는 인공지능 철학과 예술철학 두 영역 모두에서 새로운 질문과 답변을 얻을 수 있게 될 것이다.

AI와 화장품?

유의도론의 마지막 선택지

요컨대, 프롬프터의 의도에 호소하는 전략은 인공지능 생성 예술의 해석에 대한 하나의 설명이 될 수 있다. 특히 우리가 인공지능에게 제작 과정 전반을 위임하고, 그 결과물을 평가하고 선택하는 관행이 지배적인 예술 제작 관행이 될지도 모른다는 점에서, 캐스팅론은 더 중요하게 논의되어야 할 것이다.

그러나 우리가 여기서 탐구하고 있는 것이 'IQA에 대한 의도주의의 궁극적 답변'이라는 점을 고려할 때, 캐스팅론은 여전히 불완전한 답변이다. 왜냐하면 캐스팅론 역시 작품의 기획·제작뿐만 아니라 선택과 제시까지도 완전히 자동화되어 만들어지는 작품의 해석을 의도주의적으로 설명하기 어렵기 때문이다. 예컨대 재즈 바에서 인공지능에게 재즈 작품을 창작하고 연주하도록 주문한다면, 우리가 그 재즈 바에서 듣는 작품은 인공지능이 제작했을 뿐만 아니라 제시한 작품이다.

이런 경우 여전히 작품의 전체, 혹은 부분이 가지는 의미론적 의도를 누구에게 귀속해야 할지의 문제가 남아 있다. 가령 앞서 예시로 든 레픽 아나돌(Refik Anadol)의 〈비지도(Unsupervised)〉의 경우를 다시 살펴보자. 이 작품 전체의 의미는 그 창작자인 아나돌에게 달려 있을지 모르나, 그 작품을 구성하는 개별 이미지를 제시하는 것까지 아나돌이 개입하는 것은 아니며, 그것이 바로 이 작품의 핵심이다. 아나돌은 단지 인공지능에게 아주 느슨한 지시만을 주었을 뿐이며, 이 작품을 구성하는 개별 이미지는 인공지능이 '스스로' 만들어 낸 것이기 때문이다. 즉, 의도주의적 관점에서 이 작품을 구성하는 개별 이미지의 특정 부분이 의미를 가진다고 말하기 위해서는 결국 그 부분의 의미가 의존하는 의미론적 의도, 그리고 그 의도의 주체인 행위자를 찾아야만 할 것이다. 그리고 적어도 〈비지도〉에 사용된 인공지능 알고리즘의 개발자, 그리고 인공지능 알고리즘의 사용자인 아나돌 둘 다 그 의도의 주체가 될 수는 없다.

여기에 대해 어떤 의도주의자는 이 작품의 각 부분은 아무런 의미가 없더라도, 이 작품 전체는 의미를 가질 수 있고 그 의미는 아나돌의 의도에 의해 결정된다고 주장할 수 있을 것이다. 마치 석고 조각을 구성하는 석고 덩어리가 각각 의미를 가지는 것은 아니지만 석고 조각 전체는 의미를 가질 수 있는 것처럼 말이다.

그러나 이러한 답변이 모든 인공지능 예술 작품이 의미를 가지는 방식에 대한 최선의 설명이라고 보기는 어렵다. 왜냐하면 어떤 작품 전체의 의미를 논할 때 그 작품을 구성하는 부분들이 의미를 가진다고 전제하는 것이 우리의 예술 감상 관행 및 직관과 더 잘 부합하는 경우가 있기 때문이다. 예를 들어 한 예술가가 인공지능을 사용하여 한 편의 소설을 산출했다고 해 보자. 우리의 문학 감상 관행에 비추어 볼 때 이 소설을 구성하는 개별 문장이 아무런 의미를 갖지 않으면서 이 소설 전체가 의미를 가진다고 주장하기는 어렵다. 물론 이 주장이 이론적으로 불가능한 것은 아니다. 그러나 이 주장에 따르면 인공지능을 사용해 생성한 모든 소설을 무의미한 문자열로 구성된 아방가르드 예술로 분류해야만 한다는 반직관적 결론에 도달하게 될 것이다.

즉, 의도주의자가 IQA에 궁극적으로 답하기 위해서는 작품의 전체뿐만 아니라 작품의 부분들 역시 의도에 기반한 의미를 가질 수 있다는 것을 받아들여야만 할 것이다. 특히 작품의 기획 · 제작뿐만 아니라 선택과 제시까지도 완전히 인공지능에 의해 이루어지는 작품을 의도주의적으로 해석하고자 할 때, 부분들의 의미를 결정하는 의미론적 의도의 주체는 인공지능 알고리즘의 개발자나 프롬프터가 될 수 없다.

그렇다면 의도주의자가 택할 수 있는 또 다른 선택지는 **인공지능 그 자체가 의미론적 의도를 가질 수 있으**

며, 인공지능 생성 예술의 의미는 바로 인공지능 그 자체의 의미론적 의도에 의해 결정된다는 답변이다. 나는 예술 작품 해석에 관한 철학적 입장으로서 의도주의가 가지는 설명력과 이론적 일관성을 지키기 위해서는 반드시 이 답변을 주요하게 고려해야만 한다고 본다.

어떤 의도주의자는 이러한 주장이 의도주의에 부당한 이론적 부담을 지운다고 항변할 수도 있을 것이다.

당연하게도, 인공지능이 의미론적 의도를 가질 수 있을지에 관해 답한다는 것은 의도란 무엇인지에 답할 수 있다는 것을 전제한다. 우리가 의도의 본성에 대해 합의된 철학적 입장을 가지고 있지 않은 것은 사실이며, 이런 점에서 인공지능 자체의 의미론적 의도를 해석의 토대로 삼는 선택이 적지 않은 이론적 부담을 함축하는 것도 사실이다.

그러나 나는 이런 이론적 부담 때문에, 그리고 더 나아가서 인공지능 생성 예술의 출현이라는 현상 자체 때문에 의도주의가 실패하게 된다고 주장하고자 하는 것이 아니다. 오히려 내가 말하고자 하는 바는, 인공지능 그 자체가 예술적 의도를 가질 수 있다는 이론적 가능성을 받아들이는 것이 의도주의에 더 유망할 뿐만 아니라 철학적으로 더 발전적인 방향이라는 것이다. 앞서 언급했듯이 IQA에 답하는 것은 단지 의도주의가 새로운 현상을 설명해 내는 것 이상의 의의가 있다. 설령 의도주의가 유의도론의 세 번째 선택지를 옹호하는 데 결국 실패하게 되더라도, 우리는 의도의 본성에 관해서, 인공지능에 관해서, 그리고 예술 작품의 의미의 본성에 관해서 더 나은 이해를 갖게 될 것이기 때문이다.

의도란 무엇인가

우리는 흔히 오로지 인간과 같은 유기체만이 의도와 같은 심적 상태를 가질 수 있다고 전제하곤 하지만, 사실 그러한 생각이 당연한 참은 아니다. 예를 들어 우리가 천사가 정말로 존재한다고 믿지는 않더라도, 천사가 비물리적이고 비물질적이라는 생각과, 천사가 믿음과 욕구를 갖는다는 생각을 동시에 가질 수 있다. 다시 말해, 비물질적 존재가 심적 상태를 가질 가능성이 개념적으로 배제되는 것은 아니다(Kim, 2023). 그렇다면 더 나아가, 인간과는 다른 물질적 존재인 인공지능이 의도와 같은 심적 상태를 가질 가능성 역시 개념적으로 불가능하지 않다.

물론 그렇다고 해서 인공지능이 의도와 같은 심적 상태를 가질 수 있다는 주장이 입증되었다는 것은 아니다.

우리는 인공지능의 본성과 가능성, 그리고 한계 등을 탐구하기 위해서 여전히 의도가 어떤 종류의 심적 상태인지, 인공지능이 심적 상태를 가질 수 있는지 등의 문제에 천착해야만 한다.

덧붙여, 비록 우리가 의도 개념에 관해 아직 합의에 이르지 못한 것은 사실이지만, 의도의 본질을 설명하는 유망한 이론이 전혀 없는 것은 아니다. 가령 심리철학에서 의도의 본질에 관해 가장 첨예하게 경쟁하는 입장은 환원주의(reductionism)와 비환원주의(nonreductionism)다. 거칠게 말해서, 환원주의는 의도라는 독립적인 심리 상태가 별도로 존재하는 것이 아니며, 우리가 의도라고 이해하는 것은 믿음이나 욕구 등의 다른 심적 상태(mental state)로 환원될 수 있다는 입장이다. 반면 비환원주의는 의도가 다른 심적 상태로 환원될 수 없는 고유한 심적 상태라는 입장이다.

환원주의적 의도 개념과 인공지능

환원주의적 입장에서 인공지능이 의도를 가진다는 것은 어떻게 설명할 수 있을까? 대표적인 환원주의자인 도널드 데이비슨(Donald Davidson)에 따르면, 우리가 어떤 행위의 의도를 이해한다는 것은 그 행위의 주된 이유

(primary reason)가 되는 믿음과 욕구를 이해하는 것을 의미한다(Davidson, 1963; 신현주, 2017). 즉, 내가 지금 키보드를 두드리고 있는 이유는 내가 키보드를 두드림으로써 책을 쓸 수 있을 것이라고 믿고 있고, 그렇게 하고자 하는 욕구, 혹은 그와 유사한 호의적 태도(pro-attitude)를 갖고 있기 때문이다. 데이비슨은 우리에게 '의도'라는 독립적인 심리 상태는 없지만 이런 방식으로 우리가 '의도를 가진다'고 말하는 상태를 가장 잘 설명할 수 있다고 말한다.

그렇다면 누군가 어떤 의도를 가지고 있는지를 확인하기 위한 '하나의' 방법은 그가 자신의 행위의 이유를 설명할 수 있는지를 확인하는 것이다. 물론 행위의 이유를 실제로 설명할 수 없다는 사실이 그 행위자가 의도를 가질 수 없음을 반드시 함축하는 것은 아니다. 설명하는 능력은 의도를 가지는 능력과 별개이기 때문이다. 그러나 적어도 누군가 자신의 행위의 이유를 합리적으로 설명할 수 있다는 사실은 그가 행위의 의도를 가졌다고 가정할 만한 좋은 이유가 될 수 있다.

그렇다면 인공지능은 자신의 행위의 이유를 설명할 수 있을까? 나는 오픈AI(OpenAI)의 챗GPT(ChatGPT)에게 다음과 같은 프롬프트를 제시했다. "네가 1919년의 일제 치하 대한민국에 사는 한 시인이라고 가정해 보자. 대한민국의 광복을 간절히 바라는 10줄짜리 시를 한 편 써 줘." 챗GPT는 다음과 같이 답변했다.

제목: 해방의 꿈

검은 하늘, 억눌린 땅,
바람마저도 숨죽인 밤.
한 줄기 빛, 내 마음속에
자유의 노래 메아리치네.

붉은 피로 쓴 이 염원,
강산을 타고 번지는 외침.
꺼지지 않을 불꽃처럼
우리의 꿈은 하늘에 닿으리.

억압의 사슬, 끊어 낼 날,
그날이 오면, 다시 노래하리.

이 시가 높은 문학적 가치를 가진다고 보기는 어려울 수 있지만, 이 글이 시의 전형적인 형식적 특징을 갖추고 있다는 점은 부정할 수 없다.

나는 다시 챗GPT에게 다음과 같이 물었다. "'그날'이라는 말을 통해 네가 의도한 의미는 뭐야?" 다음은 챗GPT의 답변이다.

> 내가 시에서 사용한 '그날'은 대한민국이 일제의 억압에서 벗어나 완전한 해방과 자유를 되찾는 날을 의미해. 단순히 물리적 억압이 사라지는 것만이 아니라, 민족의 정체성과 주권이 회복되고, 억눌려 있던 모든 희망과 꿈이 실현되는 날이지.
>
> 또한, 이 단어는 고통스러운 현실 속에서도 희망을 놓지 않는 상징이야. 당시 많은 사람들이 해방을 기다리며 '그날'을 염원했듯이, 이 단어는 단순한 하루 이상의 미래에 대한 희망, 연대, 그리고 자유의 상징을 담고 있어.
>
> 즉, '그날'은 단순한 시간의 지표가 아니라, 모두가 꿈꾸는 새로운 시작과 해방의 순간을 뜻한다고 할 수 있어.

물론 챗GPT가 산출한 이 답변이 자신의 의도에 관한 설명으로서의 지위를 타당하게 가질 수 있을지에 대해서도 여러 견해가 있을 수 있다. 가령 챗GPT와 같은 대규모 언어 모델(large language model: LLM)은 자신의 행위에 대한 합리적 설명으로서 이러한 문장을 산출하는 것이 아니라, 단지 한 단어 다음에 어떤 단어가 올 확률이 가장 높은지를 예측해 단어를 조합할 뿐이라는 것이다. 즉, LLM이 의미를 담지하는 문장을 발화하고 있는 것처럼 보여도 그것은 사실 '확률적 앵무새(stochastic parrots)'와 다름없다는 지적이 있다(Bender et al., 2021).

그러나 소위 '확률적 앵무새론'이 인공지능의 언어 사용 능력을 비판하는 근거가 되려면 적어도 인간이 언어를 사용하는 메커니즘과 언어 모델이 언어를 사용하는 메커니즘이 본질적으로 다르다는 것을 입증해야만 한다. 우리는 우리가 실상 어떤 메커니즘으로 언어를 사용하는지 완전히 알지 못한다. 과연 우리가 언어를 사용하는 메커니즘이 전혀 확률에 기반을 두지 않으며, 인공지능의 언어 사용 메커니즘과 본질적으로 다르다고 확언할 수 있을지는 의문스럽다.

앞서 나의 질문에 대해 챗GPT가 산출한 답변은 적어도 누군가 시에서 '그날'이라는 단어를 쓰면서 그가 가졌을 법한 믿음과 욕구에 잘 부합하는 것처럼 보인다. 즉, 여전히 해명되어야 할 부분이 적지 않게 남아 있는 것은 사실이지만, 믿음이나 욕구와 같은 심적 상태를 인간과 같은 유기체만이 고유하게 가질 수 있는 것으로 한정하지 않는 한, 환원주의적 의도 개념을 전제로 인공지능이 의미론적 의도를 가질 수 있는지에 관해 긍정적으로 답변할 수 있는 여지는 여전히 남아 있다.

비환원주의적 의도 개념과 인공지능

비환원주의는 주로 의도의 기능적 역할을 중시하는 기능주의(functionalism)의 형태를 띤다. 심리철학에서 기능주의적 입장이란 심적 상태나 심적 활동을, 그 상태나 활동이 기반하는 물리적 · 생물학적 메커니즘이 아니라 그 상태나 활동의 기능에 의해 정의하려는 입장이다. 우리는 일상적 사물에도 기능적 정의를 사용하는 경우가 많다. 예를 들어 '엔진'이란 무엇인가에 답할 때 우리는 그 장치가 어떤 재료로 만들었는지에 주목하기보다는, 그 장치가 수행하는 기능에 주목한다. 기능주의는 심적 상태 역시 이와 마찬가지로 그것이 어떤 기능을 수행하는가에 따라 정의할 수 있다고 주장한다(Kim, 2023).

의도에 관한 비환원주의가 의도가 믿음이나 욕구 같은 다른 심적 상태로 환원되지 않는 독자적인 심적 상태라고 주장하는 주된 이유는, 의도가 우리의 심성 안에서 믿음이나 욕구가 수행할 수 없는 고유한 기능을 갖는다고 보기 때문이다. 예를 들어 마이클 브래트먼(Michael

Bratman)은 의도는 우리가 미래를 계획하고 그 계획에 맞추어 현재의 행위와 사고를 조절할 때 그러한 조절을 가능하게 해 주는 기능을 발휘한다고 본다(Bratman, 1987).

이처럼 의도가 심적 상태 내에서 수행하는 기능에 의해 정의된다면, 인공지능에게 의도를 귀속하는 것도 불가능해 보이지 않는다. 즉, 인공지능의 특정 메커니즘이 의도에 상응하는 기능을 수행한다면 인공지능이 의도를 가진다고 말할 수 있을 것이다.

그러나 혹자는 비환원주의적 의도 개념을 통해 인공지능에 의도를 귀속하려는 시도에 대해 회의적일 수 있겠다. 왜냐하면 인공지능에게 비환원주의적 의미에서의 의도가 있다고 주장하기 위해서는 인공지능이 '장기적 계획'을 할 수 있어야 함을 추가적으로 보여야 하기 때문이다.

비환원주의에 따르면 의도는 단지 현재 실제로 수행된 행위의 이유에 국한되지 않는다. 의도란 비록 실제 행위가 아직 이루어지지 않았더라도, 미래에 대한 장기적인 계획하기 속에서 어떤 인과적 역할을 수행하는 심적 상태다. 예를 들어 시인이 시를 쓰면서 '그날'이라는 단어를 사용한 의도가 무엇인가를 물을 때 우리가 궁금한 것은 단지 시인이 '그날'이라는 단어를 타이핑한다는 '행위'를 한 이유, 즉 그 행위 이면에 있는 시인의 믿음(이를테면 키보드의 이러저러한 버튼을 누르면 '그날'이라는 글자가 모니터에 나타난다는 믿음)과 욕구(이를테면 '그날'이라는 글자가 모니터에 나타나는 사태에 대한 호의적인 태도)가 아니다. 우리가 묻고자 하는 것은 그 시인의 보다 장기적인 예술적 의도, 즉 그 시의 예술적 성격을 어떻게 만들고자 계획했으며 그 장기적 계획에 따라 어떤 언어적 선택이 이루어졌는가 하는 것이다(신현주, 2017). 이를 고려할 때, 비환원주의적 의도 개념을 채택함으로써 인공지능이 의도를 가짐을 보이고자 한다면, 인공지능이 장기적 예술적 계획을 가지는 예술가와 마찬가지로 '계획하는 행위자'임을 보여야 하는 것이다.

예술 창작의 측면에서 보았을 때, 인공지능이 인간 예술가와 마찬가지로 계획하는 행위자일 수 있는가? 즉, 인공지능은 산출물을 출력한다는 행위와 별개로 예술적 방향성과 장기적 목표를 가질 수 있는가? 그리고 그러한 계획에 따라 예술 작품을 구성하는 세부 요소를 조정하고 선택할 수 있는가?

이 물음에 완전히 답하기 위해서는 더 정교한 기술·심리철학적 논의를 필요로 할 것이고, 인공지능 기술이 발전함에 따라 그 답이 달라질 수도 있을 것이다. 그러나 적어도 지금의 시점에서 나는, 인공지능이 적어도 하나의 예술 작품을 완성하는 과정에서는 '장기적' 계획을 가질 수 있다고 본다.

인간 예술가는 하나의 작품을 완성하기까지 다수의 선택을 해야 하며, 이 선택은 그 작품을 이러저러하게 만들고자 하는 장기적 계획에 의해 조정된다. 나는 이러한 설명이 인공지능에게도 동일하게 적용될 수 있다고 생각한다. 즉, 우리는 인공지능이 생성한 단일한 작품에 대해, 그 작품을 완성하기 위해 그 인공지능이 장기적으로 무엇을 목표하고 계획했는가를 고려할 수 있다.

종합하자면, 의도주의가 IQA의 도전에 궁극적으로, 그리고 가장 유효하게 대응하기 위해서는 인공지능 그 자체가 예술적 의도를 가질 수 있으며, 그것이 바로 인공지능 생성 예술의 의미의 토대가 될 수 있다는 주장 역시 간과해서는 안 된다. 인공지능이 예술적 의도를 가질 수 있다고 주장하는 것은 물론 적지 않은 이론적 부담이 있지만, 개념적으로 불가능하지는 않다. 뿐만 아니라 인간이 아닌 인공지능 그 자체가 작품의 의미의 토대가 될 수 있는 의미론적 의도를 가질 수 있는지를 면밀히 탐구함으로써 우리는 인공지능 철학과 예술철학 두 영역 모두에서 새로운 질문과 답변을 얻을 수 있게 될 것이다. 설령 우리의 지난한 탐구 결과, 인공지능이 결코 의미론적 의도를 가질 수 없다는 결론에 도달하게 되더라도 말이다.

참고문헌

신현주(2017). 의도주의와 반의도주의 논쟁의 재구성: 의도 개념을 중심으로. ≪인문논총≫, 74(4), 253-285쪽.

Kim, J.(2011). *Philosophy of mind.* Routledge. 권홍우 외 옮김(2023). 『심리철학』. 필로소픽.

Bender, E. M., et al.(2021). On the dangers of stochastic parrots: Can language models be too big?. *Proceedings of the 2021 ACM conference on fairness, accountability, and transparency*, pp.610-623.

Bratman, M.(1987). *Intention, plans, and practical reason.* Harvard university press.

Davidson, D.(1963). Actions, reasons, and causes. *Journal of Philosophy, 60*(23), pp.685-700.

10
인공지능은 예술철학에 어떤 도전을 제기하는가

인공지능 생성 예술의 의도주의적 해석 가능성에 대한 면밀한 논의는 비평철학의 해묵은 주제인 의도주의-비의도주의 논쟁에 새롭게 접근하는 계기가 될 수 있을 뿐만 아니라, 인공지능의 예술 창조 가능성과 같은 인공지능 철학의 근본 질문을 탐색하기 위한 실마리가 될 수 있다는 점에서 중요한 학술적 의의를 가진다.

종교와 AI?

논의의 의의, 그리고 남은 문제들

나는 생성형 인공지능과 관련해 지금까지 면밀하게 다루어지지 않았지만 중요한 학술적 의의를 가지며, 더 나아가 다른 철학적 문제들과 연계될 수 있는 문제를 새롭게 제안하고 그에 대한 발전적 논의의 가능성을 보이고자 했다. '인공지능 예술에 대한 의도주의 질문(intentionalist question regarding AI art: IQA)'은 바로 그러한 문제들 중 하나다. 특히 IQA에 대한 면밀한 논의는 비평철학의 해묵은 주제인 의도주의-비의도주의 논쟁에 새롭게 접근할 수 있는 계기가 될 수 있을 뿐만 아니라 인공지능의 예술 창조 가능성과 같은 인공지능 철학의 근본 질문을 탐색하기 위한 실마리가 될 수 있다는 점에서 중요한 학술적 의의가 있다.

다양한 방향의 후속 논의가 이어질 수 있을 것이며, 이어져야만 할 것이다. IQA에 완전히 답하기 위해서 우리는 인공지능이 의미론적 의도, 예술적 의도를 포함하는 의도 일반을 가질 수 있는지에 관하여 더 깊고 면밀한 논의를 해야만 하고, 이는 결국 의도의 본질에 관한 더 나은 이론적 모델을 필요로 한다. 나는 앞선 9장에서 의도 개념에 대한 환원주의와 비환원주의를 다루었지만, 이외에도 의도 개념을 설명하고자 하는 다양한 이론이 제안되고 있다. 가령 최근 심리철학과 인지과학철학 등에서 주요하게 다루고 있는 체화된 인지(embodied cognition) 이론에 따르면 의도를 포함해 의식이나 마음 등과 같은 심적 상태는 단순히 주체가 두뇌나 CPU와 같은 '메인 프로세서'를 통해 행하는 기능만으로 정의할 수 없으며, 환경과 상호 작용하는 신체의 존재를 필요로 한다(Wilson, 2002). 이러한 이론적 방향은 인공지능이 의도를 가질 수 있다는 주장에 대한 더 어려운 도전을 제기한다.

또한 혹자는 내가 여기서 제시한 다섯 가지 선택지 외에도 의도주의가 IQA에 더 효과적으로 답할 수 있는 방향이 있는지를 탐구하고자 할 수도 있을 것이다. 본문에서 다루지는 않았지만, 의도주의는 집단적 의도가 해석의 타당한 토대가 될 수 있다고 주장할 수도 있다(Livingston, 2006). 영화, 비디오 게임 등 여러 창작자의 협업으로 제작되는 예술 작품의 의미는 여러 주체의 의미론적 의도가 상호 작용하면서 만들어지는 집단적 의도에서 비롯된다고 볼 수도 있을 것이다. 그렇다면 인공지능 예술이 인공지능과 인간 예술가의 협업으로 이루어진다고 볼 경우, 이 협업 집단의 집단적 의도가 그 작품 해석의 타당한 토대가 된다고 볼 수도 있을 것이다.

물론 이 경우에도 집단적 의도라는 것이 정확히 무엇인지, 혹은 실재한다고 볼 수 있는지, 그리고 집단적 의도가 의미를 결정한다고 볼 수 있을지 등에 대한 추가 논의가 필요할 것이다.

혹은 인공지능 예술이 비의도주의에 제기하는 문제에 대한 논의 역시 필요할 수 있다. 나는 앞서 인공지능 예술이 비의도주의에는 큰 도전이 되지 않는다고 설명했다. 그러나 비의도주의의 일종인 가설의도주의의 경우, 인공지능 예술의 해석은 문제가 될 여지가 있다. 왜냐하면 가설의도주의의 해석 모델에 따르면 우리는 작품을 해석할 때 작품의 내재적 속성과 작품을 둘러싼 공적 맥락을 활용해 '예술가가 무엇을 의도했을지에 관한 가설'을 세우며, 이 가설이 바로 작품의 진정한 의미가 된다고 주장하기 때문이다. 만일 우리가 인공지능이 생성한 예술을 해석하고자 할 때, '가설적 의도(hypothetical intention)'를 귀속할 대상이 분명하지 않다면, 가설의도주의의 해석 모델 역시 도전에 직면하게 될 수 있다. 물론 가설의도주의 해석 모델에서 가설적 의도는 예술가의 실제 의도에 대한 추정이 아니며, 작품의 내포 저자(implicated author)의 의도에 가까우므로, 인공지능 생성 예술에서 의도를 귀속할 만한 실존하는 '행위자

(agent)'가 누구인지 불명료하다고 하더라도 중대한 문제를 일으키는 것은 아니다. 다만 이러한 답변이 과연 얼마나 타당하고 유효한지 역시 흥미로운 논의 주제다.

그 외에도, 어떤 의도주의자는 IQA의 도전에 맞서서 의도주의를 수정하거나 보완하는 전략을 택하고자 할지도 모른다. 어떤 방향이든, 이어지는 논의는 예술 해석의 본성에 대해서 우리가 더 심도 있는 논의를 할 수 있도록 촉진할 것이며 인공지능에 대해 우리가 보다 더 잘 이해할 수 있도록 도울 것이다.

뿐만 아니라 인공지능 예술의 해석과 의도의 문제는 인공지능 생성물의 예술적 지위나 예술적 정체성, 혹은 예술적 가치와 관련된 보다 근본적인 문제로 연결될 수 있다. 특히 일반적으로 해석은 가치 평가의 근거로서 기능한다는 점을 고려할 때, IQA는 인공지능 예술에 대한 적절한 가치 평가를 논의하는 데도 중요한 의의가 있다.

참고문헌

Livingston, P.(2006). Cinematic authorship. In N. Carroll & J. Choi(Ed.), *Philosophy of film and motion pictures: An anthology*(pp.299-309). Blackwell publishing.

Wilson, M.(2002). Six views of embodied cognition. *Psychonomic Bulletin and Review 9*(4), pp.625-636.

윤주한

대구대학교 성산교양대학 자유전공학부 조교수. 서울대학교 미학과에서 허구적 예술의 본성과 가치에 관한 논문으로 철학 박사 학위를 받았다. 현재 허구와 관련된 미학적 논의에 새로운 전환점을 제시해 줄 수 있는 주제로서 인공지능, 메타버스, 컴퓨터 게임 등으로 관심을 확장하고 있다. 대구대학교에서 학생들을 가르치며 교양교과로서 철학의 역할에 대해서도 고민하고 있다. 한국교양교육학회, 현대미술학회, 한국예술교육학회, 한국공학교육학회, 한국지역문화학회 등 다수의 학회에서 임원으로 활동하고 있다. 주요 논문으로 "인공지능 예술은 해석 가능한가: 의도주의의 전망"(2023), "컴퓨터게임의 철학을 위하여"(2022), "메타버스를 활용한 교양철학 교육에 관한 고찰: 'VR챗 학교' 사례를 중심으로"(2022), "인공지능과 문예적 창의성: 허구적 상상력을 중심으로"(2021) 등이 있다.
(웹사이트: https://sites.google.com/view/yoonjuhan)